财政部规划教材
全国财政职业教育教学指导委员会推荐教材
全国中等职业学校财经类教材

经济法基础知识

（第八版）

主编 邓连文

中国财经出版传媒集团
中国财政经济出版社

图书在版编目（CIP）数据

经济法基础知识/邓连文主编.—8 版.—北京：中国财政经济出版社，2017.6（2025.8重印）

财政部规划教材　全国财政职业教育教学指导委员会推荐教材　全国中等职业学校财经类教材

ISBN 978-7-5095-7494-2

Ⅰ.①经…　Ⅱ.①邓…　Ⅲ.①经济法-中国-中等专业学校-教材　Ⅳ.①D922.29

中国版本图书馆 CIP 数据核字(2017)第 115461 号

责任编辑：张　军　　　　　　　责任校对：黄亚青
封面设计：构远设计

中国财政经济出版社出版
URL：http：//www.cfeph.cn
E-mail：cfeph@cfeph.cn
(版权所有　翻印必究)
社址：北京市海淀区阜成路甲 28 号　邮政编码：100142
营销中心电话：88190406　北京财经书店电话：64033436　84041336
三河市宏图印务有限公司印刷　各地新华书店经销
787×1092 毫米　16 开　12 印张　287 000 字
2017 年 6 月第 8 版　2025 年 8 月河北第 15 次印刷
定价：28.00 元
ISBN 978-7-5095-7494-2
(图书出现印装问题，本社负责调换)
本社质量投诉电话：010-88190744
打击盗版举报热线：010-88190414　QQ：447268889

编写说明

本书是财政部规划教材、全国财政职业教育教学指导委员会推荐教材,由财政部教材编审委员会组织编写并审定,作为全国中等职业学校财经类教材。

本教材在体例、结构上进行了创新,以更好地适应财经类中等职业教育发展的需要,培养合格的应用型和技能型人才。

本教材着眼于在学生掌握基本知识的基础上,对操作技能和综合能力的培养,使学生既有理解经济法律法规的能力,又有正确运用所学经济法律知识解决一般性经济纠纷的能力。同时,本教材还结合中等职业教育实际,立足于实践能力的培养,体现最新经济立法内容,以"有用、实用、够用"为原则,重点阐述我国经济法体系中与学生毕业后从事的工作密切相关的现行有效的经济法律法规。

本教材采用"案例导入"等形式编排教学内容,在每一章后均附有"思考与实训",题型包括单项选择、多项选择、判断、案例分析等,突出中职教育中"教、学、做"的要求和特色。另外,书中还设立了"名词释义"、"想一想"、"知识链接"、"提示"等小板块,增强了教材的实用性和可读性。

本教材内容主要包括:经济法概述、相关法律知识、企业法、公司法、合同法、工业产权法、市场管理法、票据法、劳动法、经济纠纷的解决途径等。

本书由邓连文任主编,负责拟订编写大纲并统一审校修改定稿。参加本次修订的人员有:闽西职业技术学院邓连文(第一、二、四、九章),广东省财政职业技术学校安广法(第三、八章),福建省漳州财贸学校黄志强(第五、十章),云南财经职业学院周增杰(第六章),云南省文山州财贸学校戴正农(第七章)。

本教材章后均附有"练习与实训",用书学校任课老师若需要答案,请以电子邮件的形式向中国财政经济出版社索取(请注明:学校、书名、版次),E – mail: caijingjiaocai@163.com。若需要其他网络教学资源,请登录如下网址:http://www.zgcjjy.com 或 http://cjjc.cfeph.cn 下载。

由于我们水平有限,错误或疏漏之处在所难免,敬请专家、同仁批评指正。

编　者
2017 年 4 月

目 录

第一章 经济法概述 ... 1

第一节 经济法的概念 ... 1

第二节 经济法律关系 ... 3

第二章 相关法律知识 ... 8

第一节 民事法律行为 ... 8

第二节 诉讼时效 ... 12

第三章 企业法 ... 18

第一节 个人独资企业法 ... 18

第二节 合伙企业法 ... 21

第三节 中外合资经营企业法 ... 24

第四节 企业破产法概述 ... 28

第四章 公司法 ... 35

第一节 公司法概述 ... 35

第二节 有限责任公司的设立和组织机构 ... 38

第三节 有限责任公司的股权转让 ... 45

第四节 股份有限公司的设立和组织机构 ... 46

第五节 股份公司的股份发行和转让 ... 51

第六节 公司董事、监事、高级管理人员的资格和义务 ... 54

第七节 公司债券 ... 56

第八节 公司财务、会计 ... 57

第九节 公司合并、分立、增资、减资 ... 58

第十节 公司解散和清算 ... 60

第五章 合同法 ... 71

第一节 合同与合同法概述 ... 71

第二节 合同的订立 ... 73

第三节 合同的效力 ... 78

第四节 合同的履行 ... 81

第五节 合同的担保 ... 85

第六节 合同的变更、转让 ... 90

目 录

第七节 合同权利义务的终止 ... 91

第八节 违约责任 ... 94

第六章 工业产权法 ... 103

第一节 商标法 ... 103

第二节 专利法 ... 111

第七章 市场管理法 ... 122

第一节 产品质量法 ... 123

第二节 消费者权益保护法 ... 125

第三节 反不正当竞争法 ... 133

第八章 票据法 ... 138

第一节 票据法概述 ... 138

第二节 汇票 ... 141

第三节 本票 ... 145

第四节 支票 ... 147

第九章 劳动法 ... 152

第一节 劳动法概述 ... 152

第二节 劳动合同ː154

第三节 劳动争议的处理ː159

第十章 经济纠纷的解决途径ː167

第一节 经济纠纷解决途径概述ː167

第二节 仲裁ː168

第三节 诉讼ː173

参考文献ː184

第一章
经济法概述

学习目标：
- □ 了解法的概念和特征
- □ 掌握经济法的概念和调整对象
- □ 掌握经济法律关系的构成要素

【案例导入】
甲有限公司与乙有限公司经协商签订了一份写字楼买卖合同。合同约定：甲有限公司向乙有限公司出售面积为1 000平方米的写字楼一层，总售价为人民币500万元。

请问：甲有限公司与乙有限公司之间的法律关系是否属于经济法律关系？如果属于经济法律关系，那么该经济法律关系的构成要素具体是什么？

第一节　经济法的概念

一、法的概念及其特征

（一）法的概念

法是由国家制定或认可，由国家强制力保障其实施的，反映着统治阶级意志并最终决定于社会物质生活条件的，以权利义务为主要内容的，具有普遍性的各种社会规范的总称。

（二）法的特征

1. 法是调整人们行为的社会规范。
2. 法是由国家制定或认可的。

3. 法是由国家强制力保障实施的。
4. 法是以权利义务为内容的。
5. 法具有普遍性。

二、经济法的概念及特征

(一) 经济法的概念

经济法是调整国家在干预经济运行过程中所发生的经济关系的法律规范的总称。

提示： 经济法调整的经济关系并不是全部经济关系，而是一定范围的经济关系。

(二) 经济法的特征

1. 显著的经济性。经济法作为直接调整一定范围经济关系的法律规范，决定了它具有显著的经济性。

2. 很强的综合性。经济法是由诸多经济法律法规构成的，其调整手段包括民事、行政、刑事等各种手段。因此，经济法具有很强的综合性。

3. 必要的干预性。经济法作为国家的市场干预法，必须对市场的运行进行适当的干预和协调，预防和纠正市场的盲目性和滞后性，但其对市场的干预程度必须控制在一定的范围之内。

三、经济法的调整对象

(一) 市场主体干预关系

国家要干预经济运行，就必然对市场主体的设立、变更、终止以及市场主体组织机构的设置和职权等进行必要的干预。这就从法律上保证了市场主体成为自主经营、自负盈亏的合格主体，主动地参与市场经济活动，完善经营管理，提高经济效益。

(二) 市场运行干预关系

市场经济要求建立与其相适应的统一、开放、公平竞争的市场体系，制止条块分割、地区封锁和垄断等不正当竞争行为，但市场本身无力消除垄断和不正当竞争。因此，国家必须对市场竞争条件和竞争秩序进行适当干预，以保障市场经营者和消费者的合法权益。

(三) 宏观经济调控关系

在市场经济体制下，国家以经济、法律等间接手段为主对国民经济进行宏观调控。国家在对国民经济实行宏观调控过程中所涉及的宏观计划与市场运行之间的关系、政府与市场主体的关系、宏观经济总量的平衡与重大结构的调整等，都要通过经济法律法规予以规范和调整。

(四) 社会保障关系

在市场经济条件下，劳动者遇到失业、工伤、疾病等风险时，市场经济本身无法予以救济。为此，国家有必要进行干预，建立和完善具有强制执行力、资金由劳动者与市场主体共同负担为主、以互助互济为原则，实行社会化管理的社会保障关系。

四、经济法的渊源

（一）经济法渊源的含义

法的渊源，简称"法源"。经济法的渊源是指经济法律法规的表现形式。

（二）我国经济法的渊源

1. 制定法。制定法是指由国家制定的，以规范性文件为表现形式的法。
（1）法律（主要渊源），如《中华人民共和国公司法》、《中华人民共和国产品质量法》等；（2）法规（重要渊源），如《中华人民共和国公司登记管理条例》、《全民所有制工业企业转换经营机制条例》等；（3）规章，如《支付结算办法》、《人民币银行结算账户管理办法》等；（4）司法解释，如《最高人民法院关于适用〈中华人民共和国合同法〉若干问题的解释（一）》、《最高人民法院关于适用〈中华人民共和国公司法〉若干问题的规定（二）》等；（5）国际条约、协定，如《联合国国际货物买卖合同公约》、《国际货物买卖统一法公约》等。

2. 非制定法。非制定法是指由国家认可并赋予法律约束力的习惯和判例。
（1）习惯法是指由国家认可并赋予法律约束力的习惯。
（2）判例法是指由国家认可并赋予法律约束力的判例。

第二节　经济法律关系

一、经济法律关系的概念及特征

（一）经济法律关系的概念

经济法律关系是指由经济法律法规确认和调整的在国家干预经济运行过程中形成的经济法主体之间的经济权利和义务关系。

（二）经济法律关系的特征

1. 经济法律关系是由经济法律法规确认和调整的法律关系；
2. 经济法律关系是以经济权利和经济义务为内容的法律关系；
3. 经济法律关系是由国家强制力保障其实施的法律关系。

> **名词释义**
>
> **法律关系**：是指依法产生的、以主体之间形成的权利义务关系为内容的特殊的社会关系。

二、经济法律关系的构成要素

经济法律关系由主体、内容、客体三个要素构成。

（一）经济法律关系的主体

1. 经济法律关系主体的概念。经济法律关系主体即经济法主体，是指依据经济法律法规的规定享有经济权利和承担经济义务的当事人。其中，享有经济权利的当事人称为"权利主体"，承担经济义务的当事人称为"义务主体"。

2. 经济法律关系主体的范围。

（1）国家机关。是指行使国家职能的各种机构的总称，包括国家权力机关、国家行政机关、国家审判机关、国家检察机关等机构。在经济法律关系中，作为经济法主体的国家机关，主要是指国家行政机关中的经济管理机关，如国务院及其承担经济管理职能的部、委、局、行和地方人民政府及其相应机构等。

（2）社会组织。是指依法成立的能以自己的名义直接从事管理和生产经营活动的主体。这类主体包括：企业及其内部组织、事业单位、社会团体等组织。

想一想：

学校是否属于社会组织？是否属于经济法主体？为什么？

（3）个体工商户和农村承包经营户。个体工商户是指有完全民事行为能力的公民依照法律的规定，经工商行政管理部门登记，从事工商业经营的个体经济形式。农村承包经营户是指农村集体经济组织的成员，在法律允许的范围内，按照承包经营合同的规定从事商品经营的经济形式。

（4）自然人。是指基于自然规律而出生的人。

提示：自然人与公民是有区别的两个概念。公民是指具有一国国籍的依法享有权利和承担义务的自然人。公民的范围比自然人的范围小。

（5）国家。国家在特定条件下也可以成为经济法的主体，如国家对外签订政府贷款合同、发行政府债券等。

（二）经济法律关系的内容

经济法律关系的内容，是指经济法律关系主体所享有的经济权利和承担的经济义务。它是经济法律关系的核心，直接体现了经济法主体的利益和要求。

1. 经济权利。是指经济法主体在经济运行过程中依法具有的为一定行为或不为一定行为和要求他人为一定行为或不为一定行为的资格。

经济权利主要包括：

（1）国家经济管理机构的经济职权。经济职权是指具有国家经济管理职权的经济法主体在行使领导和组织经济建设职能时依法享有的经济管理权力和经济管理责任。国家经济管理机构主要是指国家各级权力机关和各级国家行政机关。

经济职权的内容主要有：经济决策权、经济监督权、经营许可权、资源配置权等。

经济职权的内容和范围是由经济法律法规规定的,具有命令和服从的性质。因此,具有国家经济管理职权的经济法主体必须正确行使经济职权,不得滥用,亦不得转让或放弃。

(2)非国家经济管理机构的经济权利,包括财产所有权、经营管理权、知识产权和请求权等。

①财产所有权。是指经济法主体对其财产依法享有占有、使用、收益、处分的权利。财产所有权具有排他性和绝对性,即一物之上只有一个所有权,无需他人协助即可实现其权利。

②经营管理权。是指国有企业对国家授予其经营管理的财产享有占有、使用和依法处分的权利。

③知识产权。是指经济法主体基于自身的智力活动创造的成果和经营活动中的经验、知识而依法享有的权利。知识产权主要包括商标权、专利权和著作权。

④请求权。是指经济法主体的合法权益受到侵犯时享有的依法要求国家机关保护其合法权益的权利。请求权主要包括债权请求权、赔偿请求权、仲裁请求权、诉讼请求权等。

2. 经济义务。是指经济法主体根据法律的规定或者合同的约定,必须实施某种行为或者不得实施一定行为并使权利人的权益得以实现的一种责任。

(1)国家经济管理机构的经济义务。国家经济管理机构必须正确、积极、严格行使经济职权,做到恪尽职守、做好服务,并依法接受监督,不得滥用和放弃经济职权。

(2)非国家经济管理机构的经济义务。包括:①依法从事生产经营活动的义务;②依法接受和服从国家有关机关管理和监督的义务;③依法纳税的义务;④依法保障劳动者合法权益的义务。

(三)经济法律关系的客体

经济法律关系的客体,是指经济法律关系主体享有的经济权利和承担的经济义务所共同指向的对象。

1. 有体物。是指经济法主体实际能够支配或控制的、具有一定经济价值和一定形态的物质资料。经济法主体无法实际支配或控制的物质资料,或者经济法主体实际能够支配或控制但没有一定经济价值的物质资料,或者经济法主体实际能够支配或控制且具有一定经济价值但不具有一定形态的物质资料,均不属于作为经济法律关系客体的有体物。

想一想:

水、电、垃圾、毒品、太阳属于经济法律关系客体中的有体物吗?为什么?

2. 经济行为。是指经济法主体设立、变更、终止经济权利和经济义务的合法行为。经济行为包括国家的宏观经济调控行为、市场管理行为、设立公司行为、订立和履行合同行为等。

想一想:

中专生向学校交学费的行为是否属于经济行为?为什么?

3. 经济信息。是指反映社会经济活动的特点、发生、变化的各种消息、数据、情报和资料，如股票发行信息、投资信息等。

4. 智力成果。是指经济法主体从事智力劳动所创造取得的财富，如商标权、专利权、著作权等权利。

三、经济法律事实

（一）经济法律事实的概念

经济法律事实是指法律规定的能够引起经济法律关系产生、变更和终止的客观情况。

（二）经济法律事实的分类

1. 行为。是指与经济法主体的意志有关的直接体现经济法主体意志的能够引起经济法律关系产生、变更和终止的客观情况。按经济法主体行为的合法性，行为分为合法行为和违法行为两种。无论是合法行为还是违法行为，都可以引起经济法律关系的产生、变更和终止。

2. 事件。是指与经济法主体的意志无关的能够引起经济法律关系产生、变更和终止的客观情况。按照起因，事件分为相对事件和绝对事件两种。地震、海啸等自然灾害属于绝对事件，战争、罢工等社会现象属于相对事件。

想一想：

甲型 H_7N_9 流感属于经济法律事实吗？如果是经济法律事实，那么是行为还是事件呢？为什么？

练习与实训

一、单项选择题

1. 从法的产生和基本性质看，法的基本属性为（　　）。
   A. 普遍性　　　B. 规范性　　　C. 阶级性　　　D. 强制性
2. 下列规范性文件中，属于经济法渊源中的法规的是（　　）。
   A. 全国人民代表大会常务委员会制定的《中华人民共和国公司法》
   B. 国务院制定的《中华人民共和国企业法人登记管理条例》
   C. 财政部制定的《会计从业资格管理办法》
   D. 中国人民银行制定的《人民币银行结算账户管理办法》
3. 下列各项中，属于经济法律关系客体的是（　　）。
   A. 月亮　　　B. 冰毒　　　C. 战争　　　D. 经济管理行为
4. 下列各项中，属于经济法律事实中的事件的是（　　）。
   A. 设立公司　　　B. 禽流感　　　C. 日出　　　D. 订立合同

二、多项选择题

1. 法"反映着统治阶级意志"的含义包括(　　　　)。
   A. 法并非是超阶级的,它总是一定阶级意志的体现
   B. 法只能属于统治阶级,是在政治和经济上占统治地位的阶级的意志的体现
   C. 法是统治阶级的基本意志的体现,并非统治阶级全部意志的体现
   D. 法是统治阶级的阶级意志的体现,并非统治阶级个人意志的体现
2. 下列各项中,可以成为经济法主体的有(　　　　)。
   A. 教育部　　　　B. 中华全国总工会　　C. 个人独资企业　　D. 初中生
3. 经济法律关系的产生、变更和终止必须具备的条件包括(　　　　)。
   A. 经济法律规范　　　　　　　　B. 经济法律关系主体
   C. 经济法律事实　　　　　　　　D. 经济法律关系客体

三、判断题

1. 经济法是调整各种经济关系的法律规范的总称。　　　　　　　　　　　(　　)
2. 经济法律关系不是经济关系。　　　　　　　　　　　　　　　　　　　(　　)
3. 经济法主体必须具有法人资格。　　　　　　　　　　　　　　　　　　(　　)
4. 提供劳务行为和完成一定工作行为,都可以成为经济法律关系的客体。　(　　)
5. 只有合法行为才能引起相应的经济法律关系产生、变更和终止。　　　　(　　)

四、案例分析题

甲运输公司向乙汽车贸易公司订购了一辆东风牌货车,约定由甲运输公司自行提货。到货后,乙汽车贸易公司通知甲运输公司前往提货。于是,甲运输公司派其业务经理王某到乙汽车贸易公司提货,并由王某把新车开回公司。王某在开车回公司的路上,不慎撞伤了行人李某。王某在该事故中也受了轻伤,新车也因此局部受损。

根据以上案情,请回答:

本案中因何法律事实产生了哪些法律关系?

这些法律关系中哪些属于经济法律关系?请指出其具体的构成要素。

第二章 相关法律知识

学习目标：
- ☐ 了解民事法律行为、代理和诉讼时效的概念及特征
- ☐ 掌握民事法律行为的有效要件
- ☐ 掌握代理权行使的法律规定
- ☐ 掌握诉讼时效中止、中断和延长的法律规定

【案例导入】

甲、乙二人均为17周岁，系某财经中专学校的在校学生。某日，甲邀乙一起逛街，并在珠宝店用500元买了一条银项链。回到学校后，甲因害怕父母责骂，便与乙协商，将该银项链按原价转让给乙。后来，乙的父母知道乙向甲购买银项链一事后，非常生气，并强烈要求乙将银项链退还给甲，但甲的父母不同意。

请问：你认为甲乙之间的银项链买卖关系是否有效？为什么？

第一节 民事法律行为

一、民事法律行为的概念及其特征

（一）民事法律行为的概念

民事法律行为，是指民事主体为了设立、变更或者终止民事法律关系而实施的合法行为。

> **知识链接**
>
> 民事主体即民事法律关系的主体，是指参与民事法律关系并享有民事权利和承担民事义务的人，主要包括自然人、法人、非法人组织等。

（二）民事法律行为的特征

1. 是民事主体实施的能够实现行为人所预期的民事法律后果的行为；
2. 是以行为人的意思表示为构成要素的行为；
3. 是一种合法行为。

二、民事法律行为的有效要件

（一）实质要件

1. 行为人具有相应的民事行为能力。民事行为能力，是指民事主体能够以自己的行为依法行使民事权利和承担民事义务，从而使民事法律关系设立、变更或终止的资格。民事主体在实施具体的民事法律行为时，必须具有相应的民事行为能力。就自然人而言，只有完全民事行为能力人才能独立实施民事法律行为；限制民事行为能力人只能进行与其年龄、智力或精神健康状况相适应的民事法律行为；无民事行为能力人一般不能独立进行民事法律行为，但纯获利益的民事法律行为，限制民事行为能力人和无民事行为能力人均可实施。就法人而言，法人也只能实施与其民事行为能力相应的民事法律行为。

想一想：
年满18周岁的成年人一定是完全民事行为能力人吗？为什么？

2. 行为人的意思表示真实。意思表示真实，是指行为人的内在意思与其外在表示是一致的，并且是基于行为人自己的利益考虑而自愿产生的。行为人的意思表示应当是其内心真实意愿的反映，达到这一点有两个要求：一是意思表示自由，不是在受他人欺诈、胁迫之下作出的违背其内心意愿的行为；二是意思表示无误，并无重大误解等原因而使意思表示错误。

3. 不违反法律或者社会公共利益。是指意思表示的内容不得与法律和行政法规的强制性或禁止性规定相抵触，不得损害社会公共利益，不得违反社会公德。这是民事法律行为合法性的本质要求。

（二）形式要件

民事法律行为的形式必须符合法律的要求，才能发生效力。

《民法通则》第五十六条规定："民事法律行为可以采用书面形式、口头形式或者其他形式。法律规定用特定形式的，应当依照法律规定。"民事法律行为的形式主要有口头形式、书面形式、推定形式和沉默形式等。

1. 口头形式。是用口头语言进行意思表示的形式，包括当面洽谈、电话交谈等方式。日常生活中的法律行为常采用口头形式。

2. 书面形式。是用文字语言进行意思表示的形式。其优点是发生纠纷后有据可查，适用于数额较大、内容复杂、非即时清结的民事法律行为。书面形式主有要合同书、传真、电子数据交换、电子邮件等形式。

3. 推定形式。是指根据常识、交易习惯等，通过当事人有目的、有意义的积极行为推定当事人作出了某种意思表示或法律行为。例如，消费者在超市选定商品后，拿着该商品到收银台交钱的行为就可推定买卖合同成立。

4. 沉默形式。是指行为人既没有通过语言来表达，也没有任何积极的行为，但从其沉默不语，可以推定其内在的意思表示，从而使法律行为成立。只有法律有规定或当事人有约定的情况下才能适用沉默形式。例如，《民法通则》规定，本人知道他人以本人名义实施民事行为而不作否认表示的，视为同意，即为沉默形式。

三、代理

（一）代理的概念及其特征

1. 代理的概念。代理是指代理人在代理权限内以被代理人的名义与第三人实施民事法律行为，而该民事法律行为的法律效果直接由被代理人承受的民事法律制度。代他人实施民事法律行为的人称为"代理人"；由他人以自己的名义代为民事法律行为并承受法律效果的人，称为"被代理人"或"本人"。

2. 代理具有如下特征：
（1）代理人必须以被代理人的名义实施民事法律行为；
（2）代理人必须在代理权限内独立实施民事法律行为；
（3）代理行为必须是民事法律行为；
（4）代理行为的法律效果直接由被代理人承受。

提示：代理必须有三方当事人：代理人、被代理人和第三人，否则不是代理。

（二）代理的适用范围

代理广泛地适用于民事主体之间的各种民事法律行为，如买卖、借贷、保险、租赁等民事法律行为，但下列行为不适用代理：

1. 依照法律规定或者按照当事人约定必须由本人亲自实施的民事法律行为。如结婚登记、离婚登记、收养子女等具有严格人身属性的民事法律行为，不得代理。

2. 违法行为。如殴打他人、贩卖毒品、走私等违法犯罪行为，不得代理。《民法通则》第六十七条规定："代理人知道被委托代理的事项违法仍然进行代理活动的，或者被代理人知道代理人的代理行为违法不表示反对的，由被代理人和代理人负连带责任。"

（三）委托代理、法定代理和指定代理

1. 委托代理。是指根据被代理人的委托授权而产生代理权的代理，又称为"意定代理"。其中，代理人又称为"受委托人"，被代理人又称为"委托人"。委托代理是最常见、最主要的代理种类。

2. 法定代理。是指根据法律的规定而直接产生代理权的代理。这种代理绝大多数适用于被代理人是无民事行为能力人和限制民事行为能力人的情形。

《民法通则》第十二条规定："十周岁以上的未成年人是限制民事行为能力人，可以进行与他的年龄、智力相适应的民事活动；其他民事活动由他的法定代理人代理，或者征得他的法定代理人的同意。不满十周岁的未成年人是无民事行为能力人，由他的法定代理人代理民事活动。"第十三条规定："不能辨认自己行为的精神病人是无民事行为能力人，由他的

法定代理人代理民事活动。不能完全辨认自己行为的精神病人是限制民事行为能力人,可以进行与他的精神健康状况相适应的民事活动;其他民事活动由他的法定代理人代理,或者征得他的法定代理人的同意。"第十四条规定:"无民事行为能力人、限制民事行为能力人的监护人是他的法定代理人。"

提示: 民事法律中的"以上"、"以下"、"以内"、"届满",包括本数;所称的"不满"、"以外",不包括本数,有特别说明的除外。

3. 指定代理。是指根据人民法院或法律授权机关的指定而产生代理权的代理。指定代理主要适用于在社会生活或民事诉讼过程中需要代理人代为法律行为,而没有代理人或无法确认代理人的特殊情况下,人民法院或行政主管机关依据法律的授权指定公民或法人充当代理人。

(四) 代理权

1. 代理权的概念。代理权是指代理人以被代理人的名义与第三人实施法律行为,从而为被代理人设立、变更和终止民事法律关系的民事权利。

2. 代理权的行使。是指代理人在代理权限内实施代理行为。《民法通则》第六十六条第二款规定:"代理人不履行职责而给被代理人造成损害的,应当承担民事责任。"按照该规定,代理人行使代理权时应当符合下列要求:

(1) 代理人只能在代理权限范围内行使代理权;
(2) 代理人只能为维护被代理人的利益而行使代理权;
(3) 代理人应当积极行使代理权;
(4) 代理人应当合法行使代理权;
(5) 代理人一般应当亲自行使代理权,不得擅自转委托;
(6) 代理人不得滥用代理权。

> **名词释义**
> **转委托:** 又称"复代理",是指代理人为维护被代理人的利益而将其享有的代理权的全部或一部分转委托给他人行使的行为。

3. 滥用代理权。

(1) 滥用代理权的概念。滥用代理权,是指代理人违背被代理人设定代理权的宗旨,损害被代理人利益的违法行使代理权的行为。

(2) 滥用代理权的行为:
①自己代理,即代理人以被代理人的名义与自己实施民事行为;
②双方代理,即代理人同时代理双方当事人为同一项民事行为;
③串通代理,即代理人与第三人恶意串通后实施的损害被代理人利益的民事行为。

(五) 无权代理与表见代理

1. 无权代理。是指行为人在没有代理权的情况下以他人的名义实施的民事行为,即没有代理权的代理。

2. 表见代理。
(1) 表见代理的概念。表见代理是指行为人虽然没有代理权,但善意相对人(第三人)客观上有理由相信行为人具有代理权,且与行为人实施民事行为,该民事行为的后果按法律规定必须由被代理人承担的无权代理。

(2) 表见代理的构成要件。

第一，行为人没有代理权。行为人没有代理权包括行为人自始没有代理权、超越代理权或者代理权已经终止等情形。

第二，行为人实施了无权代理行为。行为人实施的无权代理行为必须具备民事法律行为的有效要件，否则，不属于表见代理。

第三，第三人在客观上有理由相信行为人具有代理权。比如，行为人持有被代理人出具的有效介绍信等证明文件，或者被代理人向第三人发出授予行为人代理权的通知等，通常被认为是行为人在客观上具有代理权的依据。

> **名词释义**
>
> **善意**是恶意的对称，是指行为人不知道足以影响法律效力的有关事实，并对这种不知道行为人没有过失的一种主观心理状态，比如善意取得制度下规定的善意。
>
> **恶意**是指行为人在从事民事行为时，明知其行为缺乏法律根据或其行为相对人缺乏合法权利的一种主观心理状态。

第四，第三人与行为人实施民事行为出于善意且不存在过失。如果第三人出于恶意，即明知行为人无代理权或超越代理权或者代理权已经终止等情形，仍然与其实施民事行为；或者第三人应当知道行为人无代理权或超越代理权或者代理权已经终止等情形，但因为过失而与其实施民事行为的，不构成表见代理。

第五，表见代理依法产生有权代理的法律效力，即行为人与第三人之间实施的民事行为对被代理人具有法律约束力，被代理人与第三人之间因此产生设立、变更和终止民事法律关系的效果。

第二节 诉讼时效

一、诉讼时效的概念及其特征

（一）诉讼时效的概念

诉讼时效，是指民事权利受到侵害的权利人，在法定的时效期间内不行使请求权而丧失请求人民法院依法保护其民事权利的胜诉权的法律制度。这一概念包括两层含义：一是权利人在诉讼时效内有权依法请求人民法院保护其民事权利；二是前述请求权在诉讼时效内连续不行使即归于消灭。

（二）诉讼时效的特征

诉讼时效是能够引起民事法律关系设立、变更和终止的法律事实。它具有以下特征：

> **名词释义**
>
> **胜诉权**：是指权利人在诉讼时效届满后所丧失的请求人民法院保护其民事权利的实体法上的请求权。

1. 诉讼时效具有严格的法律强制性。当事人不得以协议排除对诉讼时效的适用，也不得以协议变更诉讼时效，否则，该协议因违反法律的强制性规定而无效。

2. 诉讼时效具有适用上的普遍性。除法律另有规定外，权利人请求人民法院保护其民事权利的，必须在诉讼时效期间内提出，否则，权利人将丧失胜诉权。

3. 诉讼时效届满的法律后果是权利人丧失胜诉权，但并不因此丧失实体权利。

二、诉讼时效的分类

（一）普通诉讼时效

普通诉讼时效又称"一般诉讼时效"，是指普遍适用于法律没有特别规定的各种民事权利的保护的诉讼时效。

根据我国《民法通则》第一百三十五条之规定，向人民法院请求保护民事权利的普通诉讼时效期间为 2 年。

（二）特殊诉讼时效

1. 特殊诉讼时效的概念。特殊诉讼时效，是指由民事法律特别规定的只适用于特定的民事法律关系的诉讼时效。特殊诉讼时效的适用效力优先于普通诉讼时效。大多数的特殊诉讼时效期间短于普通诉讼时效期间，可称为短期诉讼时效；也有少数的特殊诉讼时效期间长于普通诉讼时效期间，可称为长期诉讼时效。

2. 特殊诉讼时效的法律规定。

（1）短期诉讼时效的法律规定。根据《民法通则》第一百三十六条的规定，以下几种情况的诉讼时效为 1 年：身体受到伤害要求赔偿的；出售质量不合格的商品未声明的；延付或拒付租金的；寄存财物被丢失或者毁损的。

（2）长期诉讼时效的法律规定。根据《合同法》第一百二十九条的规定，因国际货物买卖合同和技术进出口合同争议提起诉讼或者申请仲裁的期限为 4 年，自当事人知道或者应当知道其权利受到侵害之日起计算。

（三）最长诉讼时效

最长诉讼时效，是指对被侵害的各类民事权利予以诉讼保护的最长时效期间。

根据《民法通则》第一百三十七条的规定，最长诉讼时效期间为 20 年，从权利被侵害时起计算，不适用诉讼时效中止、中断的有关法律规定，但可以适用诉讼时效延长的有关法律规定。

三、诉讼时效期间的起算

根据我国《民法通则》第一百三十七条的规定，诉讼时效期间从知道或应当知道权利被侵害时起计算。但最长诉讼时效期间自权利被侵害之日起计算，也就是说即使权利人不知道其权利被侵害，也必须在 20 年内行使请求权，否则，人民法院不予保护。

四、诉讼时效的中止和中断

(一)诉讼时效的中止

1. 诉讼时效中止的概念。诉讼时效中止,是指在诉讼时效期间进行过程中,因发生法定事由导致权利人无法行使请求权,依法暂时停止诉讼时效期间的计算,已经经过的诉讼时效期间仍然有效,并在该法定事由消除之日起继续进行诉讼时效期间的计算。

2. 诉讼时效中止的适用条件。

(1) 具有阻碍诉讼时效进行的法定事由。根据我国《民法通则》第一百三十九条的规定,阻碍诉讼时效进行的法定事由为不可抗力和其他障碍。不可抗力是指不能预见、不能避免并不能克服的客观情况,如自然灾害、战争等。其他障碍主要包括:①权利被侵害的无民事行为能力人、限制民事行为能力人没有法定代理人,或者法定代理人死亡、丧失代理权、丧失行为能力;②继承开始后未确定继承人或者遗产管理人;③权利人被义务人或者其他人控制无法主张权利;④其他导致权利人不能主张权利的客观情形。

(2) 阻碍诉讼时效进行的法定事由发生在诉讼时效期间的最后6个月内。

(3) 诉讼时效中止前已经经过的期间与中止时效的事由消失之后继续进行的期间合并计算,而中止的时间则不计入时效期间。

(二)诉讼时效的中断

1. 诉讼时效中断的概念。诉讼时效中断是指在诉讼时效期间进行过程中,因发生法定事由而使已经经过的时效期间全部归于无效,待中断诉讼时效期间的法定事由消除后,依法从新起算诉讼时效期间。

2. 诉讼时效中断的适用条件。

(1) 具有中断诉讼时效进行的法定事由。根据我国《民法通则》第一百四十条的规定,诉讼时效中断的法定事由为:①提起诉讼;②当事人一方提出要求;③当事人一方同意履行义务。

(2) 中断诉讼时效的法定事由发生在诉讼时效进行的任何阶段均产生中断的法律效力。

(3) 从诉讼时效中断时起,诉讼时效期间重新计算。

想一想:

诉讼时效中止与诉讼时效中断有何区别?

练习与实训

一、单项选择题

1. 16周岁以上不满18周岁的公民,以自己的劳动收入为主要生活来源的(   )。

  A. 视为完全民事行为能力人   B. 仍为限制民事行为能力人

C. 属于完全民事行为能力人　　　　　D. 暂时为完全民事行为能力人

2. 甲委托丙购买一辆汽车,乙委托丙出售一辆汽车,于是丙同时代理甲、乙签订了一份汽车买卖合同。该汽车买卖合同的效力为(　　)。

　　A. 有效　　　　B. 无效　　　　C. 效力待定　　　　D. 可撤销

3. 下列行为中,不适用代理的是(　　)。

　　A. 申请发明专利　　　　　　　　B. 签订房屋租赁合同
　　C. 提起民事诉讼　　　　　　　　D. 演出

4. 诉讼时效中止后,从中止时效的原因消除之日起,诉讼时效期间(　　)。

　　A. 继续计算　　B. 不再计算　　C. 从新计算　　　D. 届满

5. 诉讼时效中断后,从中断时起,诉讼时效期间(　　)。

　　A. 从新计算　　B. 继续计算　　C. 不再计算　　　D. 届满

6. 甲委托乙将一批服装运往上海,途中乙患急症须入院抢救,遂将服装事宜转托给丙,并通过护士打电话将这些情况告知甲。甲当即表示丙不可靠。此时,丙已开车上路,结果途中遇到暴雨,大部分服装被淋湿而受损严重。乙对该损失(　　)。

　　A. 应负赔偿责任　　　　　　　　B. 不负赔偿责任
　　C. 应与甲共同承担赔偿责任　　　D. 应与丙共同承担赔偿责任

7. 甲、乙双方于2017年8月15日签订的房屋买卖合同约定,甲于2017年8月31日前交房,但甲未按约定时间向甲交房。乙请求甲赔偿损失或支付违约金的诉讼时效起算日为(　　)。

　　A. 2017年8月15日　　　　　　　B. 2017年8月16日
　　C. 2017年8月31日　　　　　　　D. 2017年9月1日

8. 债权人的代理人请求债务人履行迟延履行的债务,这一行为将引起(　　)。

　　A. 诉讼时效中止　　　　　　　　B. 诉讼时效中断
　　C. 诉讼时效延长　　　　　　　　D. 诉讼时效届满

9. 李四到甲公司仓库提取自己存放的货物时,发现部分货物丢失。李四请求甲公司赔偿损失的民事权利的诉讼时效期间为(　　)。

　　A. 1年　　　　B. 2年　　　　　C. 4年　　　　　D. 20年

10. 1995年1月1日晚,张三在回家途中被殴打致重伤,直至2014年6月30日,才掌握确凿的证据证明打人者为王五。那么,张三应于(　　)之前向王五提出赔偿请求。

　　A. 2015年1月1日　　　　　　　B. 2015年6月30日
　　C. 2016年1月1日　　　　　　　D. 2016年6月30日

二、多项选择题

1. 根据《民法通则》的规定,下列各项中,属于无效民事行为的有(　　)。

　　A. 无行为能力人实施的民事行为
　　B. 一方乘人之危,使对方在违背真实意思的情况下进行的民事行为
　　C. 显失公平的民事行为
　　D. 以合法形式掩盖非法目的的民事行为

2. 根据《民法通则》的规定,下列选项中,属于无效民事行为的有(　　)。

A. 恶意串通损害第三人利益的民事行为
B. 行为人对行为内容有重大误解的民事行为
C. 一方以欺诈手段使对方在违背真实意思的情况下所为的民事行为
D. 限制行为能力人实施的民事行为

3. 根据《民法通则》的有关规定，下列选项中，属于无效民事行为的有(　　)。
　　A. 不满10周岁的丫丫自己决定将压岁钱500元捐赠给希望工程
　　B. 李某因认识上的错误为其儿子买回一双不能穿的鞋
　　C. 甲企业的业务员黄某自己得到乙企业给予的回扣款1 000元而代理甲企业向乙企业购买了10吨劣质煤
　　D. 丙公司向丁公司转让一辆无牌照的走私车

4. 民事法律行为的形式有(　　)。
　　A. 口头形式　　　B. 书面形式　　　C. 推定形式　　　D. 沉默形式

5. 民事法律行为的一般成立要件包括(　　)。
　　A. 当事人　　　B. 意思表示　　　C. 标的　　　D. 登记

6. 滥用代理权的情况包括(　　)。
　　A. 指定代理　　　　　　　　　　B. 自己代理
　　C. 双方代理　　　　　　　　　　D. 代理人与第三人恶意串通的代理

7. 下列行为中，不属于代理的是(　　)。
　　A. 甲有朋自远方来，甲不在，乙代甲招待甲之客人的行为
　　B. 甲为公司的董事长，甲以该公司的名义与乙公司签订合同的行为
　　C. 甲为贸易货栈，将乙委托给自己出卖的自行车以自己的名义出卖给丙的行为
　　D. 甲将邮局转来的给乙董事长的信件送给乙董事长的行为

8. 代理依据代理权产生根据不同，可分为(　　)。
　　A. 法定代理　　　B. 指定代理　　　C. 委托代理　　　D. 一般代理

9. 下列行为中，可适用代理的有(　　)。
　　A. 代理合同订立　　B. 代理税款缴纳　　C. 代理订立遗嘱　　D. 代理专利申请

10. 根据《民法通则》的有关规定，下列选项中属于诉讼时效期间为一年的情形有(　　)。
　　A. 身体受到伤害要求赔偿的　　　　B. 延付或拒付租金的
　　C. 寄存财物被丢失或被损毁的　　　D. 因国际货物买卖合同发生争议的

三、判断题

1. 一方以欺诈、胁迫的手段或者乘人之危，使对方在违背真实意思的情况下所进行的民事行为，属于可撤销的民事行为。(　　)
2. 对于可撤销的民事行为，如果享有撤销权的当事人未在法定的期间内行使撤销权的，则可撤销民事行为视同有效的法律行为，对当事人具有约束力。(　　)
3. 可撤销的民事行为一经撤销，自撤销之日起开始无效。(　　)
4. 授权委托书授权不明的，被代理人应当对第三人承担民事责任，代理人不承担责任。(　　)

5. 代理人和第三人恶意串通，损害被代理人的利益，由代理人和第三人负连带责任。
（   ）

四、案例分析题

案例一

2013年10月，新某所在单位决定派他到澳大利亚学习2年。新某因办出国手续的钱不够，遂向朋友李某借款5万元，并写下借条约定新某在出国前将钱还清。但新某直到2014年7月16日出国，都没有还钱。此前李某虽然经常看望新某，但对借款一事只字未提。新某在国外2年期间与李某有过联系，但都未提及借款一事。2016年8月，新某回国。2016年10月李某因买车急需钱，便找到新某，新某表示，全部钱款月底还清，并在原来的借条上对此作了注明。11月7日，当李某再次来找新某要钱时，新某却称，他的一个律师朋友说他们之间的债务已超过2年的诉讼时效，可以不用还了！李某气愤不已，第二天便向法院提起了诉讼，要求新某偿还5万元的本金及其利息。

根据以上案情，请回答：

（1）新某对李某债务的诉讼时效实际上是否已经届满？为什么？
（2）新某在2016年10月在借条上对月底还钱作注明的行为有何种效力？为什么？

案例二

2017年5月，某书画装裱店与某大学美术学院著名画家钟某签订了一份委托国画作品创作合同。双方约定，钟某在2017年12月以前交付装裱店两幅国画作品，装裱店支付钟某2万元报酬。2017年7月，钟某因不慎出车祸致使右手受伤，无法创作。于是他委托同事罗某代为创作了两幅国画作品，以此交付装裱店，装裱店支付了全部报酬。但是不久装裱店感到作品风格与钟某不同，遂请专家进行鉴定，结果发现属他人作品。

根据以上案情，请回答：

（1）钟某转托他的同事罗某代其创作国画作品的行为是否有效？为什么？
（2）钟某的同事罗某的行为是否属于无权代理？为什么？

第三章
企 业 法

学习目标：
- □ 了解个人独资企业、合伙企业、中外合资经营企业的概念、特征以及设立程序
- □ 了解破产的概念、特征以及破产程序、破产界限
- □ 掌握个人独资企业的投资人以及事务管理的相关规定
- □ 掌握普通合伙企业的财产构成、事务执行以及入伙、退伙的相关规定

【案例导入】

张某、李某、王某三人出资成立甲合伙企业。由于李某、王某其他事务较多，遂委托张某执行合伙企业事务。张某走马上任后，凡事均未征求其他两名合伙人的意见，先是将合伙企业名称改为"乙贸易公司"，不久，又以乙贸易公司的名义为其同学孙某提供担保。接着，由于流动资金短缺，又将企业的两台电脑和一项专利权以合理价格转让。由于经营不善，开业不到半年便已资不抵债，只好高薪聘请他人出任企业的经营管理人员。

请问：（1）张某的上述做法有无错误？若有，请一一指出，并说明理由。（2）张某对其他两名合伙人造成的损失，是否应当承担赔偿责任？为什么？

第一节 个人独资企业法

一、个人独资企业的概念和特征

（一）个人独资企业的概念

个人独资企业，是指依法在中国境内设立的，由一个自然人投资，财产为投资人个人所

有，投资人以个人财产对企业债务承担无限责任的经营实体。

（二）个人独资企业的特征

1. 是由一个自然人投资的企业，这里的自然人仅指中国公民；
2. 投资人对企业事务有绝对控制和支配权；
3. 投资人对企业的债务承担无限责任；
4. 企业内部机构设置简单，经营管理方式灵活；
5. 是非法人企业。

想一想：

个人独资企业和个体工商户有什么区别？

二、个人独资企业的设立

（一）个人独资企业的设立条件

1. 投资人为一个自然人，且只能是中国公民。法律、行政法规禁止从事营利性活动的人，不得作为投资人申请设立个人独资企业。

> **知识链接**
>
> 法律、行政法规禁止从事营利性活动的人包括国家公务员、警官、法官、检察官以及商业银行工作人员等。

2. 有合法的企业名称。个人独资企业的名称应当符合国家有关企业名称登记管理的相关规定，应与其责任形式及从事的营业相符合。个人独资企业的名称中不得使用"有限"、"有限责任"或"公司"字样。

想一想：

个人独资企业的名称中为什么不能使用"有限"、"有限责任"或"公司"字样？

3. 有投资人申报的出资。个人独资企业法未对设立个人独资企业的出资额作限制，但投资人申报的出资额应与其生产经营规模相适应。投资人可以用货币出资，也可以用实物、土地使用权、知识产权或其他财产权利出资。非货币出资的，应将其折算成货币数额。投资人可以用个人财产出资，也可以用家庭共有财产作为个人出资。以家庭共有财产作为个人出资的，投资人应当在设立（变更）登记申请书上予以注明。

4. 有固定的生产经营场所和必要的生产经营条件。
5. 有必要的从业人员。

（二）个人独资企业的设立程序

1. 提出申请。申请设立个人独资企业，应当由投资人或者其委托的代理人向个人独资企业所在地的登记机关提交设立申请书、投资人身份证明、生产经营场所使用证明等文件。

2. 工商登记。登记机关应当在收到设立申请文件之日起 15 日内，对符合法律规定条件的，予以登记，发给营业执照；对不符合规定条件的，不予登记，并应当给予书面答复，说明理由。个人独资企业的营业执照的签发日期，为个人独资企业成立日期。

三、个人独资企业投资人及事务管理

（一）个人独资企业的投资人

个人独资企业的投资人，是指除法律、行政法规禁止从事营利性活动的人以外的一切自然人。

（二）个人独资企业的出资方式

个人独资企业应以投资人的个人财产进行投资。如果在申请企业设立登记时明确以其家庭共有财产作为个人出资的，应当依法以家庭共有财产对企业债务承担无限责任。

（三）个人独资企业的事务管理

1. 个人独资企业事务管理的方式。个人独资企业投资人可以自行管理企业事务，也可以委托或者聘用其他具有民事行为能力的人负责企业的事务管理。投资人委托或者聘用他人管理个人独资企业事务，应当与受托人或者被聘用的人签订书面合同，明确委托的具体内容和授予的权利范围。投资人对受托人或者被聘用的人员职权的限制，不得对抗善意第三人。

> **名词释义**
>
> **不得对抗善意第三人**：是指受托人或者被聘用人员超出投资人的限制与善意第三人的业务往来应当有效。

2. 个人独资企业事务管理的内容。受托人或者被聘用的人员应当履行诚信、勤勉义务，按照与投资人签订的合同负责个人独资企业的事务管理。投资人委托或者聘用的管理个人独资企业事务的人员不得有下列行为：（1）利用职务上的便利，索取或者收受贿赂；（2）利用职务或者工作上的便利侵占企业财产；（3）挪用企业的资金归个人使用或者借贷给他人；（4）擅自将企业资金以个人名义或者以他人名义开立账户储存；（5）擅自以企业财产提供担保；（6）未经投资人同意，从事与本企业相竞争的业务；（7）未经投资人同意，同本企业订立合同或者进行交易；（8）未经投资人同意，擅自将企业商标或者其他知识产权转让给他人使用；（9）泄露本企业的商业秘密；（10）法律、行政法规禁止的其他行为。

四、个人独资企业的权利和义务

（一）个人独资企业的权利

1. 财产所有权。个人独资企业投资人对本企业的财产依法享有所有权，其有关权利可以依法进行转让或继承。

2. 拒绝摊派权。任何单位和个人不得违反法律、行政法规的规定，以任何方式强制个人独资企业提供财力、物力、人力；对于违法强制提供财力、物力、人力的行为，个人独资企业有权拒绝。

3. 享有法律、行政法规规定的各种权利。个人独资企业可以依法申请贷款、取得土地

使用权，并享有法律、行政法规规定的其他权利。

（二）个人独资企业的义务

1. 个人独资企业从事经营活动必须遵守法律、行政法规，遵守诚实信用原则，不得损害社会公共利益。
2. 个人独资企业应当依法纳税。
3. 个人独资企业应当依法设置会计账簿，进行会计核算。
4. 个人独资企业招用职工的，应当依法与职工签订劳动合同，保障职工的劳动安全，按时、足额发放职工工资。
5. 个人独资企业应当按照国家规定参加社会保险，为职工缴纳社会保险费。

> **知识链接**
>
> 我国目前设有五种强制性的社会保险，即基本养老保险、工伤保险、基本医疗保险、失业保险和生育保险。

第二节　合伙企业法

一、合伙企业的概念与种类

（一）合伙企业的概念与特征

合伙企业，是指依法在中国境内设立的由各合伙人订立合伙协议，共同出资、合伙经营，并对合伙债务承担相应责任的营利性组织。其中，普通合伙人承担的是无限连带责任；有限合伙人承担的是有限责任。其法律特征是：

1. 合伙企业的成立以订立合伙协议为法律基础；
2. 合伙企业的内部关系属于合伙关系；
3. 普通合伙人对合伙企业债务承担无限连带责任。

（二）合伙企业的种类

合伙企业按照承担责任的形式不同，分为普通合伙企业和有限合伙企业。

1. 普通合伙企业由普通合伙人组成，合伙人对合伙企业债务承担无限连带责任。法律对普通合伙人承担责任的形式有特别规定的，从其规定。以专业知识和专门技能为客户提供有偿服务的专业服务机构，可以设立为特殊的普通合伙企业。
2. 有限合伙企业由普通合伙人和有限合伙人组成，普通合伙人对合伙企业债务承担无限连带责任，有限合伙人以其认缴的出资额为限对合伙企业债务承担责任。

二、普通合伙企业

（一）普通合伙企业的概念

普通合伙企业，是指由普通合伙人组成，除法律另有规定外需对合伙企业债务依法承担无限连带责任的营利性组织。

（二）合伙企业的设立

1. 合伙企业的设立条件。《合伙企业法》第十四条规定，设立合伙企业，应当具备下列条件：（1）有2个以上合伙人。合伙人为自然人的，应当具有完全民事行为能力；（2）有书面合伙协议；（3）有合伙人认缴或者实际缴付的出资；（4）有合伙企业的名称和生产经营场所；（5）法律、行政法规规定的其他条件。

提示： 国有独资公司、国有企业、上市公司以及公益性的事业单位、社会团体不得成为普通合伙人；合伙人可以用劳务出资。

2. 合伙企业的工商登记。首先，向企业登记机关提出申请。设立合伙企业，应向企业登记机关提出申请并提交下列文件：（1）全体合伙人签署的合伙申请书；（2）全体合伙人的身份证明；（3）全体合伙人指定的代表或者共同委托的代理人的委托书；（4）合伙协议；（5）出资权属证明；（6）经营场所证明；（7）国务院工商行政管理部门规定提交的其他文件。其次，企业登记机关审核，作出是否登记的决定。申请人提交的登记申请材料齐全、符合法定形式，企业登记机关能够当场登记的，应予当场登记，发给营业执照。除前款规定情形外，企业登记机关应当自受理申请之日起20日内，作出是否登记的决定。予以登记的，发给营业执照；不予登记的，应当给予书面答复，并说明理由。合伙企业营业执照签发之日，为合伙企业的成立日期。

（三）合伙企业财产

1. 合伙企业财产的构成。合伙企业存续期间，合伙人的出资和所有以合伙企业名义取得的收益均为合伙企业的财产。合伙企业的财产只能由全体合伙人共同管理和使用。

2. 合伙企业财产的分割和处分。在合伙企业存续期间，除非有合伙人退伙等法定事由，合伙人不得请求分割合伙企业的财产。合伙企业的合伙财产具有共有财产的性质，对合伙财产的占有、使用、收益和处分，均应依据全体合伙人的共同意志进行。合伙人在合伙企业清算前私自转移或者处分合伙企业财产的，合伙企业不得以此对抗善意第三人。

3. 合伙人财产份额的转让。《合伙企业法》对合伙企业的财产转让作了以下限制性规定：（1）合伙企业存续期间，除合伙协议另有约定外，合伙人向合伙人以外的人转让其在合伙企业中的全部或者部分财产份额时，须经其他合伙人的一致同意；（2）合伙人之间转让在合伙企业中的全部或部分财产份额时，应通知其他合伙人；（3）合伙人依法转让其财产份额时，在同等条件下，其他全伙人有优先受让的权利，合伙协议另有约定的除外。

4. 对合伙企业财产的出质。合伙人以其在合伙企业中的财产份额出质的，须经其他合伙人一致同意。未经其他合伙人一致同意，合伙人以其在合伙企业中的财产份额出质的行为无效，由此给善意第三人造成损失的，由行为人依法承担赔偿责任。

(四) 合伙企业事务的执行

1. 合伙事务执行的形式。合伙人执行合伙企业事务，有全体合伙人共同执行合伙企业事务、委托1名或数名合伙人执行合伙企业事务两种形式。其中，全体合伙人共同执行合伙企业事务是合伙企业事务执行的基本形式，也是在合伙企业中经常使用的一种形式。

需要注意的是，委托1名或数名合伙人执行合伙企业事务时，其权利受到一定的限制。《合伙企业法》第三十一条规定，合伙企业的下列事务必须经全体合伙人同意：（1）改变合伙企业的名称；（2）改变合伙企业的经营范围、主要经营场所的地点；（3）处分合伙企业的不动产；（4）转让或者处分合伙企业的知识产权和其他财产权利；（5）以合伙企业名义为他人提供担保；（6）聘任合伙人以外的人担任合伙企业的经营管理人员。对于法律规定或者合伙协议约定必须经全体合伙人同意始得执行的事务，个别合伙人擅自处理，给合伙企业或者其他合伙人造成损失的，应当承担赔偿责任。

2. 合伙人在执行合伙事务中的权利。主要有：（1）合伙人平等享有合伙事务执行权；（2）执行合伙事务的合伙人对外代表合伙企业；（3）不参加执行事务的合伙人有权监督执行事务的合伙人，检查其执行合伙企业事务的情况；（4）各合伙人有权查阅合伙企业的账簿和其他有关文件；（5）合伙人有提出异议和撤销委托执行事务权。

3. 合伙人在执行合伙事务中的义务。主要有：（1）合伙事务执行人向不参加执行事务的合伙人报告事务执行情况以及企业经营状况和财务状况；（2）合伙人不得自营或同他人合作经营与本合伙企业相竞争的业务；（3）合伙人不得同本合伙企业进行交易；（4）合伙人不得从事损害本合伙企业利益的活动。

4. 合伙事务执行的决议办法。合伙人对合伙企业有关事项作出决议，按照合伙协议约定的表决办法办理。合伙协议未约定或者约定不明确的，实行合伙人一人一票并经全体合伙人过半数通过的表决办法。法律对合伙企业的表决办法另有规定的，从其规定。

5. 合伙企业的损益分配。合伙企业的利润分配、亏损分担，按照合伙协议的约定办理；合伙协议未约定或者约定不明确的，由合伙人协商决定；协商不成的，由合伙人按照实缴出资比例分配、分担；无法确定出资比例的，由合伙人平均分配、分担。合伙协议不得约定将全部利润分配给部分合伙人或者由部分合伙人承担全部亏损。

想一想：

A、B、C共同投资设立甲普通合伙企业。甲企业成立时未约定损益分配比例，年终盈利20万元，应如何进行分配？

(五) 合伙企业与第三人的关系

1. 对外代表权的效力。执行合伙企业事务的合伙人，在取得对外代表权后，可以以合伙企业的名义进行经营活动，其对外实施的法律行为对合伙企业具有约束力。虽然法律并不禁止合伙企业通过内部协议对合伙人对外执行事务和代表合伙企业的行为加以限制，但法律却有规定，这种内部限制不得对抗不知情的善意第三人。例如，合伙企业委派1名合伙人与某公司签订一项合同。合伙企业内部规定，该合伙人须将合同经全体合伙人审查同意后，方可签字。如果该合伙人未经其他合伙人同意便签署了合同，则合伙企业应当受该合同的约束。

2. 合伙企业的债务清偿。合伙企业对其债务，应先以其全部财产进行清偿。其不足的部分，由各合伙人按照合伙企业分担亏损的比例，用其在合伙企业出资以外的个人财产进行清偿。这里需要注意的是，合伙人之间的分担比例对债权没有约束力。债权人可以请求全体合伙人中的1人或数人承担全部清偿责任。当然，合伙人实际支付的债务数额超过其依照既定比例所应承担的数额时，有权就超过部分向其他未支付或未足额支付应承担数额的合伙人追偿。

3. 合伙人的债务清偿。由于合伙人在合伙企业中拥有财产权益，合伙人的债权人可能向合伙企业提出各种清偿请求。为了保护合伙企业和其他合伙人的合法权益，同时也保护债权人的合法权益，《合伙企业法》规定：（1）合伙人的债权人不得对合伙企业主张抵消权；（2）合伙人的债权人不得代位行使合伙人的权利；（3）合伙人的债权人可以依法追索合伙人在合伙企业中的收益和财产份额。

（六）入伙与退伙

1. 入伙。是指在合伙企业存续期间，合伙人以外的第三人加入合伙，从而取得合伙资格。新合伙人入伙，除合伙协议另有约定外，应当经全体合伙人同意，并依法订立书面入伙协议。订立入伙协议时，原合伙人应当向新合伙人告知原合伙企业的经营状况和财务状况。入伙的新合伙人对入伙前合伙企业的债务承担连带责任。

2. 退伙。是指合伙人退出合伙，从而丧失合伙人资格。合伙人退伙，一般有两种原因：一是自愿退伙；二是法定退伙。自愿退伙，是指合伙人基于自愿的意思表示而退伙，包括协议退伙和通知退伙两种。法定退伙，是指合伙人因出现法律规定的事由而退伙，包括自然退伙和除名两种。合伙人退伙以后，并不能解除其对于合伙企业既往债务的连带责任。《合伙企业法》第五十三条规定，退伙人对其退伙前已发生的合伙企业债务，与其他合伙人承担无限连带责任。

3. 继承。合伙人死亡或者被依法宣告死亡的，对该合伙人在合伙企业中的财产份额享有合法继承权的继承人，按照合伙协议的约定或者经全体合伙人一致同意，从继承开始之日起，取得该合伙企业的合伙人资格。

第三节　中外合资经营企业法

一、中外合资经营企业的概念及其特征

（一）中外合资经营企业的概念

中外合资经营企业，简称"合营企业"，是指中国合营者与外国合营者依照中华人民共

和国法律的规定，在中国境内共同投资、共同经营，并按投资比例分享利润、分担风险及亏损的企业。

（二）中外合资经营企业的特征

1. 合营企业是由中外合营者共同投资举办的企业。
2. 合营企业必须经中国政府批准，在中国境内设立。
3. 合营企业的组织形式是有限责任公司。
4. 合营企业是中国法人。

> **知识链接**
>
> 外国投资者包括公司、企业、其他经济组织和自然人，中国投资者包括公司、企业和其他经济组织。

二、中外合资经营企业的设立

（一）合营企业的设立条件

申请设立的合营企业应注重经济效益，符合下列一项或数项要求：

1. 采用先进技术设备和科学管理方法，能增加产品品种，提高产品质量和产量，节约能源和材料。
2. 有利于技术改造，能做到投资少、见效快、收益大。
3. 能扩大产品出口，增加外汇收入。
4. 能培训技术人员和经营管理人员。

有下列情况之一的，不予批准：有损中国主权的；违反中国法律的；不符合中国国民经济发展要求的；造成环境污染的；签订的协议、合同、章程明显不公平，损害合营一方权益的。

（二）设立合营企业的审批机关

国家对外经济贸易主管部门是设立合营企业的审批机关。

（三）合营企业的设立程序

1. 提出申请。由中国合营者向企业主管部门呈报拟与外国合营者设立合营企业的项目建议书和初步可行性研究报告。
2. 审查批准。审批机关自接到各项应报文件之日起，应在3个月内决定批准或不批准。但所举办的合营企业不涉及国家规定实施准入特别管理措施的上述审批事项，适用备案制度。国家规定的准入特别管理措施由国务院发布或者批准发布。
3. 登记注册。合营企业领取批准证书后，应在1个月内凭此批准证书向合营企业所在地的省级工商行政管理部门办理登记手续，领取营业执照。此执照签发日期即为合营企业成立日期。

三、中外合资经营企业的注册资本、出资方式和出资期限

（一）合营企业的注册资本与投资总额

合营企业的注册资本，是指为设立合营企业在工商行政管理机关登记的资本总额，应为合营各方认缴的出资额之和。注册资本与投资总额是两个不同的概念。合营企业投资总额是按照合营企业合同、章程规定的生产规模需要投入的基本建设资金和生产流动资金的总和。如果合营各方的出资额之和达不到投资总额，可以以合营企业的名义进行借款。在此情况下，投资总额包括注册资本和企业借款。

想一想：

中方投资者能否以合营企业的名义向银行贷款以认缴自己的出资份额？

合营企业在合营期内不得减少其注册资本。因投资总额和生产经营规模等发生变化，确需减少的，须经审批机构批准。

在合营企业的注册资本中，外国合营者的投资比例一般不得低于25％，对外国合营者投资比例的上限未作规定。

（二）中外合资经营企业合营各方的出资方式

合营者可以用货币出资，也可以用建筑物、厂房、机器设备或者其他物料、工业产权、专有技术、场地使用权等作价出资。

- 以建筑物、厂房、机器设备或者其他物料、工业产权、专有技术作为出资的，其作价由合营各方按照公平合理的原则协商确定，或者聘请合营各方同意的第三者评定。
- 外国合营者以货币出资时，只能以外币缴付出资，不能以人民币缴付出资。
- 中国合营者的出资方式，可以包括为合营企业经营期间提供的场地使用权。

（三）中外合资经营企业合营各方的出资期限

合营各方应当按照合同规定的期限缴清各自的出资额。逾期未缴或者未缴清的，应当按合同规定支付迟延利息或者赔偿损失。

四、中外合资经营企业的组织形式和组织机构

（一）合营企业的组织形式

合营企业的组织形式为有限责任公司。合营各方对合营企业的责任以各自认缴的出资额为限，合营企业以其全部资产对其债务承担责任。

（二）合营企业的组织机构

1. 董事会。是合营企业的最高权力机构，决定合营企业的一切重大问题。董事会的人数由合营各方协商，在合营企业合同、章程中确定，但不得少于3人。董事的任期为4年，经合营者继续委托可以连任。中外合营者的一方担任董事长的，由他方担任副董事长。董事长是合营企业的法定代表人。

董事会会议每年至少召开一次。经 1/3 以上的董事提议，可召开董事会临时会议。董事会会议应有 2/3 以上董事出席方能举行。下列事项由出席董事会会议的董事一致通过方可作出决议：(1) 合营企业章程的修改；(2) 合营企业的中止、解散；(3) 合营企业注册资本的增加、减少；(4) 合营企业的合并、分立。

2. 经营管理机构，负责企业的日常经营管理工作。经营管理机构设总经理 1 人，副总经理若干人，其他高级管理人员若干人。总经理、副总经理、总工程师由合营企业董事会聘请，可以由中国公民担任，也可以由外国公民担任。

总经理执行董事会会议的各项决议，组织领导合营企业的日常经营管理工作。在董事会授权范围内，对外代表合营企业，对内任免下属人员，行使董事会授予的各项职权。

五、中外合资经营企业的财务与会计管理

（一）财会制度

合营企业的财务与会计制度，应当按照中国有关法律和财务会计制度的规定，结合合营企业的情况加以制定，并报当地财政部门、税务机关备案。

（二）总会计师和审计师

合营企业设总会计师，协助总经理负责企业的财务会计工作。

合营企业设审计师（小的企业可以不设），负责审查、稽核合营企业的财务收支和会计账目，向董事会、总经理提出报告。

（三）记账本位币

合营企业原则上采用人民币作为记账本位币，经合营各方商定，也可以采用某一种外国货币作为记账本位币。

（四）利润分配

合营企业获得的毛利润，按中华人民共和国税法规定缴纳合营企业所得税后，扣除合营企业章程规定的储备基金、职工奖励及福利基金、企业发展基金，净利润根据合营各方注册资本的比例进行分配。

（五）有关文件、证件和报表的验证

合营企业的下列文件、证件、报表，应当经中国的注册会计师验证和出具证明，方为有效：

1. 合营各方的出资证明书（以物料、场地使用权、工业产权、专有技术作为出资的，应当包括合营各方签字同意的财产估价清单及其协议文件）；
2. 合营企业的年度会计报表；
3. 合营企业清算的会计报表。

第四节 企业破产法概述

一、破产的概念及其特征

（一）破产的概念

破产，是指在债务人不能清偿到期债务，并且资产不足以清偿全部债务或者明显缺乏清偿能力的情况下，由法院主持强制执行其全部财产，公平清偿全体债权人的法律制度。

（二）破产的特征

1. 破产程序以债务人不能清偿债务为前提。债务人由于经营不善等原因丧失清偿债务的能力是企业破产的唯一原因，且债务人不能清偿的事实得到法律的确认。

2. 破产程序的宗旨是使大多数债权人获得公平清偿。企业破产后，在偿还债务时，同一顺位的债权人其地位是平等的，他们享有均等的受偿机会。也就是说，破产企业的财产不足以偿还债务时，同一顺位的债权人按比例受偿。

3. 破产程序是对债务人财产与法律关系的全面清算和最后执行。企业被宣告破产后，债务人便立即丧失对自己财产管理和处分的权利，转由清算组接管。自此以后，破产企业丧失民事主体资格，终结自己的业务经营活动。

二、企业破产法的现状

（一）2007年6月1日之前适用的破产法律法规

1. 1988年11月1日起实施的《破产法（试行）》及1991年11月最高院发布的《关于贯彻执行〈破产法（试行）〉若干问题的通知》；
2. 1994年国务院发布的《关于在若干城市试行国有企业破产有关问题的通知》；
3. 2002年最高院发布的《关于审理企业破产案件若干问题的规定》。

（二）2007年6月1日之后适用的破产法律法规

1. 自2007年6月1日起施行的《企业破产法》；
2. 2007年6月1日之前适用的破产法律法规中仍然有效的部分。

三、破产界限

（一）破产界限的含义

破产界限也称"破产原因"，是指企业法人不能清偿到期债务，并且资产不足以清偿全部债务或者明显缺乏清偿能力的，依法进行破产宣告的法定事由。

> **名词释义**
>
> **企业破产法**：是指在企业法人不能清偿到期债务，并且资产不足以清偿全部债务或者明显缺乏清偿能力的情况下，法院强制对其全部财产清算分配，公平清偿债权人，或通过和解、重整延缓清偿债务，避免企业法人破产的法律规范的总称。

（二）法定破产界限

破产界限是当事人得以提出债务人破产申请，法院据以启动破产程序的必须具备的法律事实，是法院决定债务人是否进入破产程序的主要事由。破产界限作为债务人破产或和解的实质要件之一，具有重要的法律意义。法定破产界限，实质上就是不能清偿到期债务。

> **知识链接**
>
> 不能清偿到期债务有三层含义：（1）不能清偿的是到期债务；（2）债务人明显缺乏清偿债务的能力，即不能以信用、财产、能力等任何方式清偿债务；（3）债务人对全部或者主要债务长期连续不能偿还。

（三）破产限制（即破产障碍）

破产障碍，是指具有破产能力的债务人，在达到破产界限后，因符合法律特别规定而免于破产宣告的诸情形。《破产法》第二条规定，企业法人不能清偿到期债务，并且资产不足以清偿全部债务或者明显缺乏清偿能力的，或者有明显丧失清偿能力可能的，可以依照本法规定进行重整。

四、破产申请

（一）破产申请人

债务人不能清偿到期债务，并且资产不足以清偿全部债务或者明显缺乏清偿能力的，可以向人民法院提出重整、和解或者破产清算申请。

债务人不能清偿到期债务，债权人可以向人民法院提出对债务人进行重整或者破产清算的申请。

企业法人已解散但未清算或者未清算完毕，资产不足以清偿债务的，依法负有清算责任的人应当向人民法院申请破产清算。

（二）破产案件的管辖

破产申请应以书面的形式向对破产案件有管辖权的人民法院提出。企业破产案件由债务人住所地人民法院管辖。债务人住所地是指债务人的主要办事机构所在地，债务人主要办事机构不明确的，由其注册地人民法院管辖。

五、破产受理

（一）破产申请受理的程序

债权人提出破产申请的，人民法院应当自收到申请之日起5日内通知债务人。债务人对申请有异议的，应当自收到人民法院通知之日起7日内向人民法院提出。人民法院应当自异议期满之日起10日内裁定是否受理。除上述情形外，人民法院应当自收到破产申请之日起15日内裁定是否受理。有特殊情况需要延长的，经上一级人民法院批准，可以延长15日。

人民法院受理破产申请的，应当自裁定作出之日起5日内送达申请人。债权人提出申请的，人民法院应当自裁定作出之日起 5 日内送达债务人。债务人应当自裁定送达之日起 15 日内，向人民法院提交财产状况说明、债务清册、债权清册、有关财务会计报告以及职工工资的支付和社会保险费用的缴纳情况。

人民法院裁定受理破产申请的，应当同时指定管理人，并自裁定受理破产申请之日起 25 日内通知已知债权人，并予以公告。

人民法院裁定不受理破产申请的，应当自裁定作出之日起 5 日内送达申请人并说明理由。申请人对裁定不服的，可以自裁定送达之日起 10 日内向上一级人民法院提起上诉。

（二）破产申请受理的效力

自人民法院受理破产申请的裁定送达债务人之日起至破产程序终结之日，债务人的有关人员应当承担下列义务：

1. 妥善保管其占有和管理的财产、印章和账簿、文书等资料；
2. 根据人民法院、管理人的要求进行工作，并如实回答询问；
3. 列席债权人会议并如实回答债权人的询问；
4. 未经人民法院许可，不得离开住所地；
5. 不得新任其他企业的董事、监事、高级管理人员。

人民法院受理破产申请后，债务人对个别债权人的债务清偿无效。

> **知识链接**
>
> 人民法院受理破产申请前 1 年内，涉及债务人财产的下列行为，管理人有权请求人民法院予以撤销：（1）无偿转让财产的；（2）以明显不合理的价格进行交易的；（3）对没有财产担保的债务提供财产担保的；（4）对未到期的债务提前清偿的；（5）放弃债权的。

人民法院受理破产申请后，债务人的债务人或财产持有人应当向管理人清偿债务或交付财产。

人民法院受理破产申请后，管理人对破产申请受理前成立而债务人和对方当事人均未履行完毕的合同有权决定解除或继续履行，并通知对方当事人。管理人自破产申请受理之日起 2 个月内未通知对方当事人，或者自收到对方当事人催告之日起 30 日内未答复的，视为解除合同。管理人决定继续履行合同的，对方当事人应当履行；但是，对方当事人有权要求管理人提供担保。管理人不提供担保的，视为解除合同。

人民法院受理破产申请后，有关债务人财产的保全措施应当解除，执行程序应当中止。

人民法院受理破产申请后，已经开始而尚未终结的有关债务人的民事诉讼或者仲裁应当中止；在管理人接管债务人的财产后，该诉讼或者仲裁继续进行。

练习与实训

一、单项选择题

1. 王某准备自己开办一个饮料加工厂，应具备的必备条件是（　　）。

A. 投资人只能是2个以上的自然人　　B. 必须有健全的组织机构
C. 最低注册资本不少于3万元　　D. 有必要的从业人员

2. 下列人员可以作为投资人申请设立个人独资企业的是(　　)。
　　A. 待业人员　　B. 国家公务员　　C. 法官　　D. 商业银行工作人员

3. 甲、乙、丙共同投资设立A合伙企业。一年后，甲欠丁人民币5万元，无力用个人财产清偿，丁可以用(　　)方式保障自己的合法权益。
　　A. 代位行使甲在A合伙企业的权利
　　B. 自行接管甲在A合伙企业的财产份额
　　C. 依法请求人民法院强制执行甲在A合伙企业的财产份额用于清偿
　　D. 直接变卖甲在A合伙企业的财产份额用于清偿

4. 李某是A普通合伙企业的合伙人，因车祸成为植物人，被人民法院依法宣告为无民事行为能力人，其他合伙人不同意将其转为有限合伙人。李某属于(　　)。
　　A. 协议退伙　　B. 通知退伙　　C. 自然退伙　　D. 除名

5. 下列关于合营企业注册资本的表述中正确的是(　　)。
　　A. 合营企业注册资本为各方认缴的出资额之和
　　B. 合营企业注册资本为各方实缴的出资额之和
　　C. 合营企业注册资本为合营企业的投资总额
　　D. 合营企业增加注册资本，经董事会批准即可

6. 合营企业的最高权力机构是(　　)。
　　A. 股东会　　B. 董事会　　C. 监事会　　D. 职工代表大会

7. 人民法院裁定受理破产申请的，应当自裁定受理破产申请之日起(　　)日内通知已知债权人，并予以公告。
　　A. 5　　B. 7　　C. 15　　D. 25

8. 人民法院受理破产申请后，有关债务人财产的保全措施应当解除，执行程序应当(　　)。
　　A. 终止　　B. 中止　　C. 中断　　D. 继续

二、多项选择题

1. 下列各项中，可以作为个人独资企业投资人出资的有(　　)。
　　A. 投资人的专有技术　　B. 投资人的土地所有权
　　C. 投资人的家庭共有房屋　　D. 投资人的劳务

2. 下列各项中，不能成为普通合伙人的有(　　)。
　　A. 国有企业　　B. 国有独资公司
　　C. 公益性的事业单位　　D. 上市公司

3. 外国合营者可以用(　　)方式出资。
　　A. 以人民币缴付出资　　B. 以美元缴付出资
　　C. 以专有技术作价出资　　D. 以场地使用权作价出资

4. 合营企业的(　　)事项须经出席董事会议的董事一致通过。
　　A. 企业章程的修改　　B. 企业注册资本的增加

C. 企业的分立   D. 企业利润的分配

5. 企业破产界限的实质标准是债务人不能清偿到期债务，（   ）情形可以界定为债务人不能清偿到期债务。

A. 债务人的货币资金不足以支付到期债务
B. 债务人停止支付到期债务并呈连续状态
C. 债务人不能以财产、信用或者能力等任何方式清偿债务
D. 债务人对全部或主要债务在可预见的相当长时间内持续不能偿还

三、判断题

1. 个人独资企业投资人对被聘用人员职权的限制，不得对抗善意的第三人。（   ）
2. 合伙企业存续期间，合伙人可以随时请求分割合伙企业的财产。（   ）
3. 合伙人死亡或者被依法宣告死亡的，其合法继承人从继承开始之日起，自然取得该合伙企业的合伙人资格。（   ）
4. 外国合营者以货币出资时，可以以外币缴付出资，也可以以人民币缴付出资。（   ）
5. 债务人不能清偿到期债务，并且资产不足以清偿全部债务或者明显缺乏清偿能力的，可以向人民法院提出重整、和解或者破产清算申请。（   ）
6. 破产申请应以书面的形式向债务人住所地人民法院提出。（   ）

四、案例分析题

案例一

2月20日，简爱出资10万元设立甲个人独资企业（下称"甲企业"）。简爱聘请罗商管理甲企业事务，但规定罗商对外签订标的额超过2万元以上的合同，须经简爱书面同意。3月15日，罗商未经简爱书面同意，以甲企业名义向善意第三人倪花购买价值3万元的货物。

8月22日，因甲企业严重亏损且不能支付到期的吴星的债务，简爱遂决定解散甲企业，并申请法院指定清算人。8月28日，法院指定袁奎作为清算人对甲企业进行清算。经清算，甲企业和简爱的资产及债权债务情况如下：

（1）甲企业尚欠缴税款1 800元，尚欠罗商工资8 000元，欠缴社会保险费用3 000元，欠吴星货款13万元；
（2）甲企业的银行存款3万元，实物折价7万元；
（3）简爱个人其他可执行的财产价值3万元。

根据以上案情，请回答：

（1）罗商于3月15日以甲企业名义向倪花购买价值3万元货物的行为是否有效？为什么？
（2）甲企业的财产清偿顺序如何？
（3）应当如何清偿甲企业所欠吴星的13万元货款？

案例二

2017年3月，张三、李四、王五、季六四人共同设立甲有限合伙企业（简称"甲企

业")。其合伙协议约定：张三、李四为普通合伙人，王五、季六为有限合伙人。张三以劳务出资；李四、王五、季六均以货币出资，其中李四出资10万元，王五出资30万元，季六出资80万元。合伙协议对其他事项未作约定。

2017年4月8日，甲企业与乙公司签订买卖合同，约定货款68万元，收到货物后10日内付款。6月25日，甲企业如约收到货物，但因资金周转困难一直未付款。

7月，李四因腿部严重受伤而瘫痪在床，退出甲企业，并办理了退伙结算。

10月，王五未经合伙人张三和季六的同意，直接以其在甲企业中的财产份额出质，向丙银行借款15万元。

11月，经全体合伙人同意，季六由有限合伙人转为普通合伙人。

12月，乙公司向甲企业催讨前述到期货款68万元。因甲企业无力清偿，乙公司便要求李四清偿全部68万元货款，李四以自己已经退伙为由予以拒绝；乙公司又要求季六清偿全部68万元货款，季六以债务发生时自己为有限合伙人为由予以拒绝。

根据以上案情，请回答：

（1）王五未经张三和季六的同意以其在甲企业中的财产份额出质是否合法？为什么？

（2）李四拒绝向乙公司清偿货款的理由是否合法？为什么？

（3）季六拒绝向乙公司清偿货款的理由是否合法？为什么？

案例三

2015年3月，甲、乙、丙共同设立了A普通合伙企业（简称"A企业"）。其合伙协议约定：由甲执行合伙企业事务，且约定超过5万元的支出甲无权自行决定。合伙协议就执行合伙事务其他事项未作特别约定。

2016年2月，甲的朋友丁想从银行借款8万元，请求甲为其提供担保。甲自行决定以A企业的名义为丁的借款提供了担保。

2017年1月，甲以A企业的名义与戊签订一份买卖合同，价款为10万元。合同签订后，A企业认为该买卖合同是甲超越权限订立的合同，合同无效，并因此向法院起诉，要求确认该买卖合同无效。经查，戊是在知悉甲超越合伙协议对其权限的限制的情况下签订了该买卖合同。乙、丙认为甲签订该买卖合同的行为不妥，决定撤销甲对外签订合同的权利。

根据以上案情，请回答：

（1）甲是否有权自行决定以合伙企业的名义为丁提供担保？为什么？

（2）A企业主张买卖合同无效是否成立？为什么？

（3）乙、丙是否有权撤销甲对外签订合同的权利？为什么？

案例四

中国甲公司拟与德国乙公司在深圳市共同设立一家中德合资经营企业（简称"丙企业"）。甲公司为此拟订了一份投资计划。该投资计划部分条款如下：

（1）丙企业投资总额为3 000万美元，注册资本为980万美元。甲公司出资额为784万美元，占注册资本的80%；乙公司出资额为196万美元，占注册资本的20%。

（2）丙企业设立董事会作为最高权力机构，董事长由德方担任，副董事长由中方担任。经营管理机构中设总经理1人，副总经理2人。总经理由中方担任且为丙企业的法定代表人。

根据以上案情，请回答：上述投资计划中有哪些不符合法律规定之处？为什么？

案例五

甲、乙、丙三人于2015年初分别出资2万元、4万元、6万元，设立普通合伙企业A商社，约定按出资比例分享利润和分摊亏损。2017年该合伙企业可供分配的利润为6万元。

根据以上案情，请回答：甲、乙、丙三人各能分得多少？为什么？

案例六

我国A公司与韩国B公司准备建立一个中外合资经营企业。双方签订了合营企业合同。合同中规定：（1）合营企业的注册资本1 000万美元，其中，中方出资800万美元，韩方出资200万美元。中方出资的主要方式是：场地使用权200万美元，机器设备300万美元，厂房200万美元，现金100万美元。韩方出资的方式是：工业产权100万美元，现金100万美元。（2）约定投资规模为2 800万美元。（3）合营企业今后以向社会发行股票的方法来筹集企业扩大再生产所需的资金。（4）注册资本一般不得增加，除非董事会全体提议。

根据以上案情，请回答：该合营企业合同中有哪些约定是违法的？为什么？

第四章 公司法

学习目标：
- [ ] 了解公司的概念及其特征
- [ ] 掌握有限责任公司的主要法律规定
- [ ] 掌握股份有限公司的主要法律规定

【案例导入】

四年前，张三、李四、王五、季六、邱七共同出资设立了甲有限公司（下称"甲公司"），出资比例分别为20%、28%、20%、20%、12%。

今年3月，张三向银行申请贷款时请求甲公司为其提供担保。为此张三提议召开临时股东会，会议就甲公司为张三提供担保事项进行表决时，张三、李四、邱七赞成，王五、季六反对，股东会作出了为张三提供担保的决议。

今年6月，因甲公司实力明显增强，李四提议将甲公司变更为股份公司。为此董事会按期召集了股东会，会议就变更公司形式事项进行表决时，李四、王五、季六赞成，张三、邱七反对，股东会作出了变更公司形式的决议。

请问：
(1) 张三是否有权提议召开临时股东会？为什么？
(2) 股东会作出的为张三提供担保的决议是否合法？为什么？
(3) 股东会作出的变更公司形式的决议是否合法？为什么？

第一节 公司法概述

一、公司的概念与分类

（一）公司的定义和特征

1. 公司的定义。公司是指依照公司法成立的资本由股份或出资组成，股东以其所持有的出资额或股份额为限对公司的债务承担责任，公司以其全部资产独立承担责任的以营利为目的的企业法人。

2. 公司的特征是：

（1）依照公司法设立。

（2）以营利为目的。

（3）承担有限责任。

（4）是企业法人。

（二）公司的分类

1. 公司的法理分类。

（1）根据股东对公司债务所承担责任不同，分为无限公司、有限责任公司、两合公司、股份有限公司和股份两合公司五类。

（2）根据公司对外信用基础不同，分为人合公司、资合公司和人合兼资合公司。

（3）根据公司在控制与被控制中的地位不同，分为母公司和子公司。

（4）根据公司在管理与被管理中的地位不同，分为总公司和分公司。

提示：*母公司、总公司和子公司均具有法人资格，而分公司不具有法人资格。*

（5）根据公司的注册地不同，分为本国公司、外国公司和跨国公司。

2. 公司的法定种类。我国《公司法》所称"公司"，是指在中国境内设立的有限责任公司和股份有限公司。

想一想：

这里的"中国境内"包括香港特别行政区和澳门特别行政区吗？为什么？

二、公司登记管理

（一）公司登记事项

工商行政管理机关是公司的登记机关。公司登记须包含的事项包括：名称；住所；法定代表人姓名；注册资本；实收资本；公司类型；经营范围；营业期限；有限责任公司股东或者股份有限公司发起人的姓名或者名称，以及认缴和实缴的出资额、出资时间、出资方式。

（二）公司登记的种类

1. 设立登记。

（1）设立公司应当申请名称预先核准。预先核准的公司名称保留期为 6 个月。预先核准的公司名称在保留期内，不得用于从事经营活动，不得转让。

（2）公司办理设立登记，应当按照规定向公司登记机关缴纳登记费。领取《企业法人营业执照》的，设立登记费按注册资本总额的 0.8‰ 缴纳；注册资本超过 1 000 万元的，超过部分按 0.4‰ 缴纳；注册资本超过 1 亿元的，超过部分不再缴纳。领取《营业执照》的，设立登记费为 300 元。

想一想：

某股份有限公司注册资本为5亿元人民币，其应缴纳的设立登记费是多少？

2. 变更登记。

（1）公司变更登记事项，应当向原公司登记机关申请变更登记。未经变更登记，公司不得擅自改变登记事项。

（2）公司办理变更登记事项的，变更登记费为100元。

3. 注销登记。有下列情形之一的，公司清算组应当自公司清算结束之日起30日内向原公司登记机关申请注销登记：

（1）公司被依法宣告破产；

（2）公司章程规定的营业期限届满或者公司章程规定的其他解散事由出现，但公司通过修改公司章程而存续的除外；

（3）股东会、股东大会决议解散或者一人有限责任公司的股东、外商投资的公司董事会决议解散；

（4）依法被吊销营业执照、责令关闭或者被撤销；

（5）人民法院依法予以解散；

（6）法律、行政法规规定的其他解散情形。

（三）公司年度报告公示

1. 公示时间和公示平台。《公司登记管理条例》规定，公司应当于每年1月1日至6月30日，通过企业信用信息公示系统向公司登记机关报送上一年度年度报告，并向社会公示，任何单位和个人均可查询。

2. 公示的企业信息范围。《企业信息公示暂行条例》（下称《信息公示条例》）规定，工商行政管理部门应当通过企业信用信息公示系统，公示其在履行职责过程中产生的下列企业信息：（1）注册登记（含统一社会信用代码、名称、类型、法定代表人、注册资本、成立日期、住所、经营期限、经营范围、登记机关、核准日期、登记状态等基本信息、股东信息和变更信息）、备案信息（含董事、监事等主要人员信息、分支机构信息和清算信息）；（2）动产抵押登记信息；（3）股权出质登记信息；（4）行政处罚信息；（5）其他依法应当公示的信息（主要有经营异常信息、严重违法信息、抽查检查信息）。以上信息应自产生之日起20个工作日内公示。

3. 企业年度报告的内容。根据《信息公示条例》规定，企业年度报告内容包括：（1）企业通信地址、邮政编码、联系电话、电子邮箱等信息；（2）企业开业、歇业、清算等存续状态信息；（3）企业投资设立企业、购买股权信息；（4）企业为有限责任公司或者股份有限公司的，其股东或者发起人认缴和实缴的出资额、出资时间、出资方式等信息；（5）有限责任公司股东股权转让等股权变更信息；（6）企业网站以及从事网络经营的网店名称、网址等信息；（7）企业从业人数、资产总额、负债总额、对外提供保证担保、所有者权益合计、营业总收入、主营业务收入、利润总额、净利润、纳税总额信息。

上述（1）至（6）规定的信息应当向社会公示，（7）规定的信息由企业选择是否向社会公示。经企业同意，公民、法人或者其他组织可以查询企业选择不公示的信息。

4. 企业公示信息的抽查。根据《信息公示条例》规定，国务院工商行政管理部门和省、自治区、直辖市人民政府工商行政管理部门应当按照公平规范的要求，根据企业注册号等随机摇号，确定抽查的企业，组织对企业公示信息的情况进行检查。

工商行政管理部门抽查企业公示的信息，可以采取书面检查、实地核查、网络监测等方式。

5. 违反年度报告公示规定的法律后果。《信息公示条例》规定，有下列情形之一的，由县级以上工商行政管理部门列入经营异常名录，通过企业信用信息公示系统向社会公示，提醒其履行公示义务；情节严重的，由有关主管部门依照有关法律、行政法规规定给予行政处罚；造成他人损失的，依法承担赔偿责任；构成犯罪的，依法追究刑事责任：（1）企业未按照《信息公示条例》规定的期限公示年度报告或者未按照工商行政管理部门责令的期限公示有关企业信息的；（2）企业公示信息隐瞒真实情况、弄虚作假的。

被列入经营异常名录的企业依照《信息公示条例》规定履行公示义务的，由县级以上工商行政管理部门移出经营异常名录；满 3 年未依照《信息公示条例》规定履行公示义务的，由国务院工商行政管理部门或者省、自治区、直辖市人民政府工商行政管理部门列入严重违法企业名单，并通过企业信用信息公示系统向社会公示。被列入严重违法企业名单的企业的法定代表人、负责人，3 年内不得担任其他企业的法定代表人、负责人。企业自被列入严重违法企业名单之日起满 5 年未再发生上述规定情形的，由国务院工商行政管理部门或者省、自治区、直辖市人民政府工商行政管理部门移出严重违法企业名单。

第二节　有限责任公司的设立和组织机构

一、有限责任公司的概念和特征

（一）有限责任公司的概念

有限责任公司又称"有限公司"，是指依照公司法设立的，股东以其出资额为限对公司承担责任，公司以其全部资产对公司债务承担责任的企业法人。

> **名词释义**
>
> **有限公司股东**：是指有限公司的出资人，包括自然人、法人组织等。

（二）有限责任公司的特征

1. 有限公司是资合公司与人合公司的结合；
2. 公司承担有限责任；
3. 股东有最高人数的限制；
4. 设立程序及组织机构设置简便；
5. 资本不分为等额股份，不能发行股票。

二、有限责任公司的设立

（一）设立条件

1. 股东符合法定人数。有限责任公司由 50 个以下股东出资设立。1 个自然人股东或者 1 个法人股东可以单独出资设立一人有限责任公司。国家可以单独出资设立国有独资公司。因此，有限责任公司的股东人数为 1 人以上 50 人以下，不得超过 50 人，否则，股东人数不合法。

2. 有符合公司章程规定的全体股东认缴的出资额。

（1）注册资本。根据《公司法》第二十六条规定，有限责任公司的注册资本为在公司登记机关登记的全体股东认缴的出资额。有限责任公司的注册资本为在公司登记机关登记的全体股东认缴的出资额。

法律、行政法规以及国务院决定对有限责任公司注册资本实缴、注册资本最低限额另有规定的，从其规定。

> **知识链接**
>
> 《保险法》第六十九条规定，设立保险公司，其注册资本的最低限额为人民币两亿元。

（2）出资方式。股东可以用货币出资，也可以用实物、知识产权、土地使用权等可以用货币估价并可以依法转让的非货币财产作价出资；但是，法律、行政法规规定不得作为出资的财产除外，如自然人姓名、商誉、已设定担保的财产等不得作为出资。对作为出资的非货币财产应当评估作价，核实财产，不得高估或者低估作价。法律、行政法规对评估作价有规定的，从其规定。

想一想：

股东可以用劳务作为设立有限公司的出资吗？为什么？

（3）出资期限。股东应当按期足额缴纳公司章程中规定的各自所认缴的出资额。股东以货币出资的，应当将货币出资足额存入有限责任公司在银行开设的账户；以非货币财产出资的，应当依法办理其财产权的转移手续。股东不按照前述规定缴纳出资的，除应当向公司足额缴纳外，还应当向已按期足额缴纳出资的股东承担违约责任。

有限责任公司成立后，发现作为设立公司出资的非货币财产的实际价额显著低于公司章程所定价额的，应当由缴纳该出资的股东补足其差额；公司设立时的其他股东承担连带责任。

3. 股东共同制定公司章程。公司章程是公司股东依法订立的规范公司组织和行为的基本法律文件。根据《公司法》第二十五条之规定，有限责任公司章程应当载明下列事项：公司名称和住所；公司经营范围；公司注册资本；股东的姓名或者名称；股东的出资方式、出资额和出资时间；公司的机构及其产生办法、职权、议事规则；公司法定代表人；股东会会议认为需要规定的其他事项。股东应当在公司章程上签名、盖章。

4. 有公司名称，建立符合有限公司要求的组织机构。

（1）公司名称是公司用以经营并区别于其他公司或企业的标志。根据《企业名称登记管理实施办法》的规定，公司名称应当使用符合国家规范的汉字，不得使用汉语拼音字母、阿拉伯数字。企业名称应当由行政区划、字号、行业、组织形式依次组成，法律、行政法规和《企业名称登记管理实施办法》另有规定的除外。比如在上海儒雅娱乐有限公司名称中，"上海"是行政区划，"儒雅"是字号，"娱乐"是行业，"有限公司"是组织形式。

（2）有限公司的组织机构一般包括股东会、董事会或执行董事、经理、监事会或监事，其设立必须符合公司法的要求。

5. 有公司住所。公司住所是指公司主要办事机构所在地。公司的住所应当标明所在地省、市、县及街道门牌号码。经公司登记机关登记的公司的住所只能有一个。公司住所不同于经营场所。经营场所是指企业法人从事生产经营或服务活动的场所，它包括一定的场所和设施，如工业企业的制造车间。经营场所是企业进行生产、经营、服务的基本条件。企业的经营场所可以是一个，也可以是多处。

想一想：
居民住宅可以作为公司住所（办公场所）吗？

（二）设立程序

1. 申请公司名称预先核准；
2. 制定公司章程；
3. 股东缴纳出资；
4. 设立公司组织机构；
5. 办理工商登记；
6. 签发出资证明书。

三、有限责任公司的组织机构

（一）股东会

1. 股东会的性质。股东会由全体股东组成，是公司的权力机构。
2. 股东会的职权。
（1）决定公司的经营方针和投资计划；
（2）选举和更换非由职工代表担任的董事、监事，决定有关董事、监事的报酬事项；
（3）审议批准董事会的报告；
（4）审议批准监事会或者监事的报告；
（5）审议批准公司的年度财务预算方案、决算方案；
（6）审议批准公司的利润分配方案和弥补亏损方案；
（7）对公司增加或者减少注册资本作出决议；
（8）对发行公司债券作出决议；
（9）对公司合并、分立、变更公司形式、解散和清算等事项作出决议；
（10）修改公司章程；
（11）公司章程规定的其他职权。
3. 股东会的形式。股东会会议分为定期会议和临时会议。定期会议应当按照公司章程的规定按时召开。代表 1/10 以上表决权的股东,1/3 以上的董事,监事会或者不设监事会的公司的监事提议召开临时会议的,应当召开临时会议。

4．股东会的召集和召开。

（1）股东会的召集。首次股东会会议由出资最多的股东召集和主持,依照公司法规定行使职权。

> **名词释义**
>
> **表决权**：即股东表决权,是指股东拥有的对股东会决议事项作出同意或否决的意思表示的权利,包括股利收益权、董事、监事选举权、公司重大事务决定权等权利。

有限责任公司设立董事会的,股东会会议由董事会召集,董事长主持；董事长不能履行职务或者不履行职务的,由副董事长主持；副董事长不能履行职务或者不履行职务的,由半数以上董事共同推举一名董事主持。有限责任公司不设董事会的,股东会会议由执行董事召集和主持。

董事会或者执行董事不能履行或者不履行召集股东会会议职责的,由监事会或者不设监事会的公司的监事召集和主持；监事会或者监事不召集和主持的,代表 1/10 以上表决权的股东可以自行召集和主持。

想一想：

不能履行和不履行有何区别？

（2）股东会的召开。召开股东会会议,应当于会议召开 15 日以前通知全体股东。但是,公司章程另有规定或者全体股东另有约定的除外。股东会应当对所议事项的决定进行记录,出席会议的股东应当在会议记录上签名。

5．股东会的议事规则。

（1）股东会会议由股东按照出资比例行使表决权,但公司章程另有规定的除外。

（2）股东会的议事方式和表决程序,除公司法有规定的外,由公司章程规定。

（3）股东会会议作出修改公司章程、增加或者减少注册资本的决议,以及公司合并、分立、解散或者变更公司形式的决议,必须经代表 2/3 以上表决权的股东通过。

（二）董事会

1．董事会的设立。

（1）有限责任公司设董事会,其成员由 3~13 人组成。2 个以上的国有企业或者其他 2 个以上的国有投资主体投资设立的有限责任公司,其董事会成员中应当有公司职工代表；其他有限责任公司董事会成员中也可以有公司职工代表。董事会中的职工代表由公司职工通过职工代表大会、职工大会或者其他形式民主选举产生。董事会设董事长 1 人,可以设副董事长。董事长、副董事长的产生办法由公司章程规定。

（2）股东人数较少或者规模较小的有限责任公司,可以设 1 名执行董事,不设立董事会。执行董事可以兼任公司经理。执行董事的职权由公司章程规定。

2．董事任期由公司章程规定,但每届任期不得超过 3 年。董事任期届满,连选可以连任。董事任期届满未及时改选,或者董事在任期内辞职导致董事会成员低于法定人数的,在改选出的董事就任前,原董事仍应当依照法律、行政法规和公司章程的规定,履行董事职务。

3. 董事会的职权。董事会对股东会负责，行使下列职权：
（1）召集股东会会议，并向股东会报告工作；
（2）执行股东会的决议；
（3）决定公司的经营计划和投资方案；
（4）制订公司的年度财务预算方案、决算方案；
（5）制订公司的利润分配方案和弥补亏损方案；
（6）制订公司增加或者减少注册资本以及发行公司债券的方案；
（7）制订公司合并、分立、变更公司形式、解散的方案；
（8）决定公司内部管理机构的设置；
（9）决定聘任或者解聘公司经理及其报酬事项，并根据经理的提名决定聘任或者解聘公司副经理、财务负责人及其报酬事项；
（10）制定公司的基本管理制度。
4. 董事会召集和决议。
（1）董事会的召集。董事会会议由董事长召集和主持；董事长不能履行职务或者不履行职务的，由副董事长召集和主持；副董事长不能履行职务或者不履行职务的，由半数以上董事共同推举1名董事召集和主持。
（2）董事会的决议。董事会的议事方式和表决程序，除公司法有规定的外，由公司章程规定。董事会决议的表决，实行1人1票。董事会应当对所议事项的决定进行记录，出席会议的董事应当在会议记录上签名。

（三）经理

1. 经理的设立。有限责任公司可以设经理，由董事会决定聘任或者解聘。
2. 经理的职权。经理对董事会负责，行使下列职权：
（1）主持公司的生产经营管理工作，组织实施董事会决议；
（2）组织实施公司年度经营计划和投资方案；
（3）拟订公司内部管理机构设置方案；
（4）拟订公司的基本管理制度；
（5）制定公司的具体规章；
提示：具体规章是在基本管理制度基础上的细化，一般包括基本管理制度的实施细则、部门规章、业务流程管理、岗位管理、生产管理、物资管理、安全管理、采购管理、工程管理、销售管理等日常事务性管理。
（6）决定聘任或者解聘除应由董事会决定聘任或者解聘以外的负责管理人员；
（7）董事会授予的其他职权。
公司章程对经理职权另有规定的，从其规定。经理列席董事会会议。

想一想：
列席和出席有何区别？

（四）监事会或监事

1. 监事会或监事的设立。

（1）监事会的设立。有限责任公司设立监事会，其成员不得少于3人。股东人数较少或者规模较小的有限责任公司，可以设1~2名监事，不设立监事会。

（2）监事会的组成。监事会应当包括股东代表和适当比例的公司职工代表，其中职工代表的比例不得低于1/3，具体比例由公司章程规定。监事会中的职工代表由公司职工通过职工代表大会、职工大会或者其他形式民主选举产生。监事会设主席1人，由全体监事过半数选举产生。监事会主席召集和主持监事会会议；监事会主席不能履行职务或者不履行职务的，由半数以上监事共同推举1名监事召集和主持监事会会议。董事、高级管理人员不得兼任监事。

想一想：

为什么董事和高级管理人员不得兼任监事？

2. 监事会或监事的职权：

（1）检查公司财务；

（2）对董事、高级管理人员执行公司职务的行为进行监督，对违反法律、行政法规、公司章程或者股东会决议的董事、高级管理人员提出罢免的建议；

（3）当董事、高级管理人员的行为损害公司的利益时，要求董事、高级管理人员予以纠正；

（4）提议召开临时股东会会议，在董事会不履行本法规定的召集和主持股东会会议职责时召集和主持股东会会议；

（5）向股东会会议提出提案；

（6）依《公司法》第一百五十二条的规定，对董事、高级管理人员提起诉讼；

> **知识链接**
>
> 根据《公司法》第一百五十二条的规定，董事、监事、高级管理人员执行公司职务时违反法律、行政法规或者公司章程的规定，给公司造成损失的，有限责任公司的股东可以书面请求监事会或者不设监事会的监事向人民法院提起诉讼。

（7）公司章程规定的其他职权。

3. 对监事会或监事行使职权的特别保障：

（1）监事可以列席董事会会议，并对董事会决议事项提出质询或者建议。

（2）监事会、不设监事会的公司的监事发现公司经营情况异常，可以进行调查；必要时，可以聘请会计师事务所等协助其工作，费用由公司承担。

（3）监事会、不设监事会的公司的监事行使职权所必需的费用，由公司承担。

4. 监事会的议事规则：

（1）监事会每年度至少召开一次会议，监事可以提议召开临时监事会会议。

（2）监事会的议事方式和表决程序，除公司法有规定的外，由公司章程规定。

（3）监事会决议应当经半数以上监事通过。监事会应当对所议事项的决定进行记录，出席会议的监事应当在会议记录上签名。

四、一人有限责任公司的特别规定

一人有限责任公司，是指只有一个自然人股东或者一个法人股东的有限责任公司。

1. 一人有限责任公司设立条件的特别规定。

（1）一个自然人只能投资设立一个一人有限责任公司。该一人有限责任公司不能投资设立新的一人有限责任公司。

想一想：

公司法为什么限定一个自然人只能投资设立一个一人有限责任公司？

（2）一人有限责任公司应当在公司登记中注明自然人独资或者法人独资，并在公司营业执照中载明。一人有限责任公司章程由股东制定。

2. 一人有限责任公司组织机构的特别规定。一人有限责任公司不设股东会。股东作出《公司法》第三十八条第一款所列决定时，应当采用书面形式，并由股东签字后置备于公司。

3. 一人有限责任公司的其他特别规定。

（1）一人有限责任公司应当在每一会计年度终了时编制财务会计报告，并经会计师事务所审计。

（2）一人有限责任公司的股东不能证明公司财产独立于股东自己财产的，应当对公司债务承担连带责任。

五、国有独资公司的特别规定

国有独资公司，是指国家单独出资、由国务院或者地方人民政府委托本级人民政府国有资产监督管理机构履行出资人职责的有限责任公司。

1. 国有独资公司章程由国有资产监督管理机构制定，或者由董事会制订报国有资产监督管理机构批准。

2. 国有独资公司组织机构的特别规定：

（1）国有独资公司不设股东会。由国有资产监督管理机构行使股东会职权。

（2）国有独资公司设立董事会。董事会成员由国有资产监督管理机构委派；但是，董事会成员中的职工代表由公司职工代表大会选举产生。董事每届任期不得超过3年。董事会设董事长1人，可以设副董事长。董事长、副董事长由国有资产监督管理机构从董事会成员中指定。

（3）国有独资公司设经理。国有独资公司设经理，由董事会聘任或者解聘。经理依照《公司法》第五十条规定行使职权。经国有资产监督管理机构同意，董事会成员可以兼任经理。

（4）国有独资公司的监事会。国有独资公司监事会成员不得少于5人，其中职工代表的比例不得低于1/3，具体比例由公司章程规定。监事会成员由国有资产监督管理机构委派；但是，监事会中的职工代表由公司职工代表大会选举产生。监事会主席由国有资产监督管理机构从监事会成员中指定。

想一想：
国有独资公司与一人有限责任公司有何联系和区别？

第三节 有限责任公司的股权转让

一、股权转让的概念及其种类

（一）股权转让的概念
股权转让是指公司股东将其向公司缴纳的出资及因此产生的权利和义务，一部分或全部地、概括地转移给其他股东或股东以外投资者的行为。

（二）股权转让的种类
股权转让包括内部转让、对外转让和强制转让三种。

二、股权转让的条件及其效力

（一）股权转让的条件
1. 内部转让的条件。《公司法》未规定内部转让的条件，一般包括签署股权转让协议、申请工商变更登记等。
2. 对外转让的条件，一般包括：（1）股东向股东以外的人转让股权，应当经其他股东过半数同意；（2）在同等条件下，其他股东未主张优先购买权。股东的优先购买权，是指股东向股东以外的人转让股权时，应当在出卖之前的合理期限内通知其他股东，其他股东享有在同等条件下优先于非股东购买人受让股权的权利。
3. 强制转让的条件。人民法院依照法律规定的强制执行程序转让股东的股权时，应当通知公司及全体股东，其他股东在同等条件下有优先购买权。

（二）股权转让的效力
依法转让股权后，公司应当注销原股东的出资证明书，向新股东签发出资证明书，并相应修改公司章程和股东名册中有关股东及其出资额的记载。对公司章程的该项修改不需再由股东会表决。

三、股权收购和继承

（一）股权收购
有下列情形之一的，对股东会该项决议投反对票的股东可以请求公司按照合理的价格收购其股权：

1. 公司连续5年不向股东分配利润，而该公司5年连续盈利，并且符合公司法规定的分配利润条件的；

 **想一想：**

盈利与营利相同吗？为什么？

2. 公司合并、分立、转让主要财产的；
3. 公司章程规定的营业期限届满或者章程规定的其他解散事由出现，股东会会议通过决议修改章程使公司存续的。

自股东会会议决议通过之日起60日内，股东与公司不能达成股权收购协议的，股东可以自股东会会议决议通过之日起90日内向人民法院提起诉讼。

（二）股权继承

自然人股东死亡后，其合法继承人可以继承股东资格；但是，公司章程另有规定的除外。

第四节 股份有限公司的设立和组织机构

一、股份有限公司的概念和特征

（一）股份有限公司的概念

股份有限公司又称"股份公司"，是指依公司法设立，其全部资本分为等额股份，股东以其所持股份为限对公司承担责任，公司以其全部资产对公司的债务承担责任的企业法人。

（二）股份有限公司的特征

1. 是典型的资合公司。
2. 承担有限责任。
3. 公司的股份是等额的。
4. 公司的股东有最低人数限制。
5. 公司的设立方式、组织机构设置较为复杂。

二、股份有限公司的设立

（一）股份有限公司的设立方式

股份有限公司的设立，可以采取发起设立或者募集设立的方式。

1. 发起设立。又称"单纯设立"，是指由发起人认购公司应发行的全部股份而设立股份有限公司。

2. 募集设立。又称"募股设立",是指由发起人认购公司应发行股份的一部分,其余股份向社会公开募集或者向特定对象募集而设立股份有限公司。

(二)股份有限公司的设立条件

1. 发起人符合法定人数。根据《公司法》第七十九条的规定,设立股份有限公司,应当有2人以上200人以下为发起人,其中须有半数以上的发起人在中国境内有住所。

想一想:

发起人与股东有何关系?

2. 发起人认购和募集的股本达到法定资本最低限额。

(1) 法定资本最低限额规定。股份有限公司注册资本的最低限额为人民币500万元。法律、行政法规对股份有限公司注册资本的最低限额有较高规定的,从其规定。

(2) 出资方式。发起人的出资方式与有限责任公司股东的出资方式相同。

(3) 出资缴纳。

①股份有限公司采取发起设立方式设立的,注册资本为在公司登记机关登记的全体发起人认购的股本总额。公司全体发起人的首次出资额不得低于注册资本的20%,其余部分由发起人自公司成立之日起2年内缴足;其中,投资公司可以在5年内缴足。发起人不按照规定缴纳出资的,应当按照发起人协议的约定承担违约责任。

②股份有限公司采取募集方式设立的,注册资本为在公司登记机关登记的实收股本总额。以募集设立方式设立股份有限公司的,发起人认购的股份不得少于公司股份总数的35%;但是,法律、行政法规另有规定的,从其规定。

③股份有限公司成立后,发起人未按照公司章程的规定缴足出资的,应当补缴;其他发起人承担连带责任。股份有限公司成立后,发现作为设立公司出资的非货币财产的实际价额显著低于公司章程所定价额的,应当由缴纳该出资的发起人补足其差额;其他发起人承担连带责任。

3. 股份发行、筹办事项符合法律规定。发起人为设立股份有限公司而发行股份,以及与股份发行有关事项的筹办,必须符合证券法、公司法等法律规定的条件和程序。具体条件和程序将在后面的章节中讲述。

4. 发起人制订公司章程,采用募集方式设立的经创立大会通过。股份有限公司章程应当载明下列事项:

(1) 公司名称和住所;
(2) 公司经营范围;
(3) 公司设立方式;
(4) 公司股份总数、每股金额和注册资本;
(5) 发起人的姓名或者名称、认购的股份数、出资方式和出资时间;
(6) 董事会的组成、职权、任期和议事规则;
(7) 公司法定代表人;
(8) 监事会的组成、职权、任期和议事规则;
(9) 公司利润分配办法;

(10) 公司的解散事由与清算办法；

(11) 公司的通知和公告办法；

(12) 股东大会会议认为需要规定的其他事项。

采取发起设立方式设立的股份有限公司，其章程应由全体发起人共同制定。采取募集方式设立的股份有限公司，其章程先由发起人制订，并应经创立大会通过。

想一想：
制订与制定有何区别？

5. 有公司名称，建立符合股份有限公司要求的组织机构。(1) 股份有限公司的公司名称也必须符合《公司登记管理条例》、《企业名称登记管理实施办法》等法律法规和规章的规定。(2) 股份有限公司的组织机构包括股东大会、董事会、经理和监事会，其设立必须符合公司法的要求。

6. 有公司住所。股份有限公司住所的有关要求与有限公司相同。

（三）股份有限公司的设立程序

1. 确定公司发起人；
2. 制订公司章程；
3. 认缴和募集股份；
4. 建立公司组织机构；
5. 办理工商登记。

（四）股份有限公司发起人的责任

1. 发起人的含义。发起人是指依法订立发起人协议、提出设立公司申请、认购公司股份、对公司的设立承担责任的公司创办人。

2. 发起人的责任。股份有限公司成立后，发起人未按照公司章程的规定缴足出资的，应当补缴，其他发起人承担连带责任；发现作为设立公司出资的非货币财产的实际价额显著低于公司章程所定价额的，应当由缴纳该出资的发起人补足其差额，其他发起人承担连带责任。公司不能成立时，对设立行为所产生的债务和费用负连带责任；对认股人已缴纳的股款，负返还股款并加算银行同期存款利息的连带责任；在公司设立过程中，由于发起人的过失致使公司利益受到损害的，应当对公司承担赔偿责任。

想一想：
发起人与认股人有何区别？

三、股份有限公司的组织机构

（一）股东大会

1. 股东大会的组成和性质。股东大会由全体股东组成，是公司的权力机构。

2. 股东大会的职权。同于有限责任公司股东会的职权。

3. 股东大会的形式。股东大会会议分为年会和临时股东大会。股东大会应当每年召开一次年会。

4. 股东大会的召集和召开。

（1）股东大会的召集。股东大会会议由董事会召集，董事长主持；董事长不能履行职务或者不履行职务的，由副董事长主持；副董事长不能履行职务或者不履行职务的，由半数以上董事共同推举1名董事主持。董事会不能履行或者不履行召集股东大会会议职责的，监事会应当及时召集和主持；监事会不召集和主持的，连续90日以上单独或者合计持有公司10%以上股份的股东可以自行召集和主持。

（2）股东大会的召开。召开股东大会会议，应当将会议召开的时间、地点和审议的事项于会议召开20日前通知各股东；临时股东大会应当于会议召开15日前通知各股东；发行无记名股票的，应当于会议召开30日前公告会议召开的时间、地点和审议事项。单独或者合计持有公司30%以上股份的股东，可以在股东大会召开10日前提出临时提案并书面提交董事会；董事会应当在收到提案后2日内通知其他股东，并将该临时提案提交股东大会审议。股东大会不得对前述通知中未列明的事项作出决议。无记名股票持有人出席股东大会会议的，应当于会议召开5日前至股东大会闭会时将股票交存于公司。

5. 股东大会的议事规则。

（1）股东出席股东大会会议，所持每一股份有一表决权。但是，公司持有的本公司股份没有表决权。

（2）股东大会作出决议，必须经出席会议的股东所持表决权过半数通过。但是，股东大会作出修改公司章程、增加或者减少注册资本的决议，以及公司合并、分立、解散或者变更公司形式的决议，必须经出席会议的股东所持表决权的2/3以上通过。

（3）股东大会选举董事、监事，可以根据公司章程的规定或者股东大会的决议，实行累积投票制。所谓累积投票制，是指股东大会选举董事或者监事时，每一股份拥有与应选董事或者监事人数相同的表决权，股东拥有的表决权可以集中使用。如某股份公司股东甲持有3 000股份，选举监事时实行累积投票制，每一股份拥有与应选监事人数相同的表决权。假设公司需选举3名监事，则甲拥有9 000个表决权。甲可以将该9 000个表决权全部投给其中1个候选人，也可以分别投给3个候选人中的2个或3个人。

（4）股东可以委托代理人出席股东大会会议。代理人应当向公司提交股东授权委托书，并在授权范围内行使表决权。

（5）股东大会应当对所议事项的决定作成会议记录，主持人、出席会议的董事应当在会议记录上签名。会议记录应当与出席股东的签名册及代理出席的委托书一并保存。

（二）董事会

1. 董事会的设立。股份有限公司设董事会，其成员为5~19人。董事会成员中可以有公司职工代表。董事会中的职工代表由公司职工通过职工代表大会、职工大会或者其他形式民主选举产生。

2. 董事任期。公司法关于有限责任公司董事任期的规定，适用于股份有限公司董事。

3. 董事会的职权。公司法关于有限责任公司董事会职权的规定，适用于股份有限公司董事会。

4. 董事长的产生及其职权。

（1）董事长的产生。董事会设董事长1人，可以设副董事长。董事长和副董事长由董事会以全体董事的过半数选举产生。

（2）董事长的职权。董事长召集和主持董事会会议，检查董事会决议的实施情况。副董事长协助董事长工作，董事长不能履行职务或者不履行职务的，由副董事长履行职务；副董事长不能履行职务或者不履行职务的，由半数以上董事共同推举1名董事履行职务。

5. 董事会的议事规则。

（1）董事会每年度至少召开两次会议，每次会议应当于会议召开10日前通知全体董事和监事。

（2）代表1/10以上表决权的股东、1/3以上董事或者监事会，可以提议召开董事会临时会议。董事长应当自接到提议后10日内，召集和主持董事会会议。董事会召开临时会议，可以另定召集董事会的通知方式和通知时限。

（3）董事会会议应有过半数的董事出席方可举行。董事会作出决议，必须经全体董事的过半数通过。

（4）董事会决议的表决，实行1人1票。

6. 参与决议的董事的责任。

（1）董事会会议，应由董事本人出席；董事因故不能出席，可以书面委托其他董事代为出席，委托书中应载明授权范围。

（2）董事会应当对会议所议事项的决定作成会议记录，出席会议的董事应当在会议记录上签名。董事应当对董事会的决议承担责任。董事会的决议违反法律、行政法规或者公司章程、股东大会决议，致使公司遭受严重损失的，参与决议的董事对公司负赔偿责任。但经证明在表决时曾表明异议并记载于会议记录的，该董事可以免除责任。

（三）经理

1. 经理的设立。股份公司设经理，由董事会决定聘任或者解聘。
2. 经理的职权。公司法关于有限责任公司经理职权的规定，适用于股份有限公司经理。
3. 公司董事会可以决定由董事会成员兼任经理。

（四）监事会

1. 监事会的设立。

（1）监事会的设立和组成。股份有限公司设立监事会，其成员不得少于3人。监事会应当包括股东代表和适当比例的公司职工代表，其中职工代表的比例不得低于1/3，具体比例由公司章程规定。监事会中的职工代表由公司职工通过职工代表大会、职工大会或者其他形式民主选举产生。董事、高级管理人员不得兼任监事。

（2）监事会设主席和副主席。监事会设主席1人，可以设副主席。监事会主席和副主席由全体监事过半数选举产生。监事会主席召集和主持监事会会议；监事会主席不能履行职务或者不履行职务的，由监事会副主席召集和主持监事会会议；监事会副主席不能履行职务或者不履行职务的，由半数以上监事共同推举1名监事召集和主持监事会会议。

（3）监事任期。公司法关于有限责任公司监事任期的规定，适用于股份有限公司监事。

2. 监事会的职权。公司法关于有限责任公司监事会职权的规定，适用于股份有限公司监事会。监事会行使职权所必需的费用，由公司承担。

3. 监事会的议事规则。

（1）监事会每6个月至少召开一次会议。监事可以提议召开临时监事会会议。

（2）监事会的议事方式和表决程序，除《公司法》有规定的外，由公司章程规定。

（3）监事会应当对所议事项的决定作成会议记录，出席会议的监事应当在会议记录上签名。

四、上市公司组织机构的特别规定

上市公司，是指其股票在证券交易所上市交易的股份有限公司。

1. 上市公司股东大会的特别规定。上市公司在一年内购买、出售重大资产或者担保金额超过公司资产总额30%的，应当由股东大会作出决议，并经出席会议的股东所持表决权的2/3以上通过。

2. 上市公司董事会的特别规定：

（1）上市公司设立独立董事（上市公司独立董事是指不在公司担任除董事外的其他职务，并与其所受聘的上市公司及其主要股东不存在可能妨碍其进行独立客观判断的关系的董事），具体办法由国务院规定。

（2）上市公司设立董事会秘书，负责公司股东大会和董事会会议的筹备、文件保管以及公司股权管理，办理信息披露事务等事宜。

（3）上市公司董事与董事会会议决议事项所涉及的企业有关联关系的，不得对该项决议行使表决权，也不得代理其他董事行使表决权。该董事会会议由过半数的无关联关系董事出席即可举行，董事会会议所作决议须经无关联关系董事过半数通过。出席董事会的无关联关系董事人数不足3人的，应将该事项提交上市公司股东大会审议。

> **名词释义**
>
> **关联关系**：是指公司控股股东、实际控制人、董事、监事、高级管理人员与其直接或者间接控制的企业之间的关系，以及可能导致公司利益转移的其他关系。但是，国家控股的企业之间不仅仅因为同受国家控股而具有关联关系。

第五节 股份公司的股份发行和转让

一、股份与股票的概念

（一）股份的概念

股份公司股份是指以股票为表现形式的、体现股东对公司的权利义务的、按等额划分的公司资本的基本构成单位。股份有限公司的资本划分为股份，每一股的金额相等。

（二）股票的概念

股票虽然是股份的表现形式，但因其对应的实物具有不特定性、其价格具有不确定性而与股份相对独立。

想一想：
股份与股票有何关系？

二、股份发行

（一）股份发行的含义

股份发行又称股票发行，是指股份公司为设立公司或筹集资本，依照法律规定出售或分配公司股份的活动。

（二）股份发行的种类

根据发行的目的不同，股份发行可分为设立发行和新股发行。
1. 设立发行，是指公司在设立过程中发行股份。
2. 新股发行，是指公司成立后再次发行股份。

一般来说，新股发行是为了募集资金，但有时基于特殊目的（分红派股），也可以发行新股。

（三）股票发行价格

同次发行的同种类股票，每股的发行条件和价格应当相同；任何单位或者个人所认购的股份，每股应当支付相同价额。

股票发行价格可以按票面金额，也可以超过票面金额，但不得低于票面金额。

（四）股票的形式

股票采用纸面形式或者国务院证券监督管理机构规定的其他形式。股票由法定代表人签名，公司盖章。发起人的股票，应当标明发起人股票字样。

（五）股票的种类

公司发行的股票，可分为记名股票和无记名股票。

公司向发起人、法人发行的股票，应当为记名股票，并应当记载该发起人、法人的名称或者姓名，不得另立户名或者以代表人姓名记名。

三、股份转让

（一）股份转让的地点

股东持有的股份可以依法转让。股东转让其股份，应当在依法设立的证券交易场所进行或者按照国务院规定的其他方式进行。

（二）股份转让的方式

1. 记名股票，由股东以背书方式或者法律、行政法规规定的其他方式转让。
2. 无记名股票的转让，由股东将该股票交付给受让人后即发生转让的效力。

（三）对股份转让的限制

1. 对股东转让股票的限制。

（1）发起人持有的本公司股份，自公司成立之日起一年内不得转让。公司公开发行股份前已发行的股份，自公司股票在证券交易所上市交易之日起一年内不得转让。

（2）公司董事、监事、高级管理人员应当向公司申报所持有的本公司的股份及其变动情况，在任职期间每年转让的股份不得超过其所持有本公司股份总数的25%；所持本公司股份自公司股票上市交易之日起一年内不得转让。上述人员离职后半年内，不得转让其所持有的本公司股份。

2. 公司不得接受本公司的股票作为质押权的标的。

（四）公司收购本公司股份的条件

公司不得收购本公司股份。但是，有下列情形之一的除外：
1. 减少公司注册资本；
2. 与持有本公司股份的其他公司合并；
3. 将股份奖励给本公司职工；
4. 股东因对股东大会作出的公司合并、分立决议持异议，要求公司收购其股份的。

（五）记名股票的补发

> **名词释义**
>
> **公示催告程序**：是指人民法院根据当事人基于法定事由的申请，以公示的方式催告不明的利害关系人在法定期间内申报权利，如果申报权利期间届满无人申报或者虽有人申报但被驳回的，则根据当事人的申请，依法作出除权判决的非诉讼程序。

记名股票被盗、遗失或者灭失，股东可以依照《中华人民共和国民事诉讼法》规定的公示催告程序，请求人民法院宣告该股票失效。人民法院宣告该股票失效后，股东可以向公司申请补发股票。

（六）上市公司股份转让及信息披露的特别规定

1. 上市公司的股票，依照有关法律、行政法规及证券交易所交易规则上市交易。
2. 上市公司必须依照法律、行政法规的规定，公开其财务状况、经营情况及重大诉讼，在每会计年度内半年公布一次财务会计报告。

第六节 公司董事、监事、高级管理人员的资格和义务

一、公司董事、监事、高级管理人员的资格

有下列情形之一的人，不得担任公司的董事、监事、高级管理人员：

第一，无民事行为能力或者限制民事行为能力；

第二，因贪污、贿赂、侵占财产、挪用财产或者破坏社会主义市场经济秩序，被判处刑罚，执行期满未逾5年，或者因犯罪被剥夺政治权利，执行期满未逾5年；

> **知识链接**
>
> 刑罚是指刑法规定的由国家审判机关依法对犯罪分子适用的限制或剥夺其某种权益的强制性制裁方法。我国刑法规定的刑罚种类分为主刑和附加刑两种。主刑包括管制、拘役、有期徒刑、无期徒刑、死刑五种；附加刑包括罚金、剥夺政治权利、没收财产、驱逐出境四种。

第三，担任破产清算的公司、企业的董事或者厂长、经理，对该公司、企业的破产负有个人责任的，自该公司、企业破产清算完结之日起未逾3年；

第四，担任因违法被吊销营业执照、责令关闭的公司、企业的法定代表人，并负有个人责任的，自该公司、企业被吊销营业执照之日起未逾3年；

第五，个人所负数额较大的债务到期未清偿。

公司违反前述规定选举、委派董事、监事或者聘任高级管理人员的，该选举、委派或者聘任无效。董事、监事、高级管理人员在任职期间出现前述所列情形的，公司应当解除其职务。

二、公司董事、监事、高级管理人员的义务

（一）积极义务

1. 董事、监事、高级管理人员应当遵守法律、行政法规和公司章程，对公司负有忠实义务和勤勉义务。

> **知识链接**
>
> 《公司法》未对忠实义务和勤勉义务进行解释。一般认为，忠实义务是指董事、监事和高级管理人员在执行公司事务时，应以公司利益为最高准则，不得以损害公司利益为代价而追求自己或者他人利益。勤勉义务是指董事、监事和高级管理人员在执行公司事务时，应以一个合理谨慎的人在相似的情形下所应表现的谨慎、勤勉和技能履行其职责。

2. 接受股东的质询的义务。股东会或者股东大会要求董事、监事、高级管理人员列席会议的，董事、监事、高级管理人员应当列席并接受股东的质询。董事、高级管理人员应当如实向监事会或者不设监事会的有限责任公司的监事提供有关情况和资料，不得妨碍监事会或者监事行使职权。

（二）消极义务

1. 公司董事、高级管理人员的禁止义务。董事、高级管理人员不得有下列行为：

（1）挪用公司资金；

（2）将公司资金以其个人名义或者以其他个人名义开立账户存储；

（3）违反公司章程的规定，未经股东会、股东大会或者董事会同意，将公司资金借贷给他人或者以公司财产为他人提供担保；

（4）违反公司章程的规定或者未经股东会、股东大会同意，与本公司订立合同或者进行交易；

（5）未经股东会或者股东大会同意，利用职务便利为自己或者他人谋取属于公司的商业机会，自营或者为他人经营与所任职公司同类的业务；

（6）接受他人与公司交易的佣金归为己有；

（7）擅自披露公司秘密；

（8）违反对公司忠实义务的其他行为。

董事、高级管理人员违反前述规定所得的收入应当归公司所有。

2. 公司董事、监事、高级管理人员的赔偿责任。《公司法》第一百五十条规定，董事、监事、高级管理人员执行公司职务时违反法律、行政法规或者公司章程的规定，给公司造成损失的，应当承担赔偿责任。

三、股东起诉公司董事、监事、高级管理人员的法定情形

第一，董事、高级管理人员有《公司法》第一百五十条规定的情形的，有限责任公司的股东、股份有限公司连续180日以上单独或者合计持有公司1%以上股份的股东，可以书面请求监事会或者不设监事会的有限责任公司的监事向人民法院提起诉讼；监事有《公司法》第一百五十条规定的情形的，前述股东可以书面请求董事会或者不设董事会的有限责任公司的执行董事向人民法院提起诉讼。

第二，监事会、不设监事会的有限责任公司的监事，或者董事会、执行董事收到前述规定的股东书面请求后拒绝提起诉讼，或者自收到请求之日起30日内未提起诉讼，或者情况紧急、不立即提起诉讼将会使公司利益受到难以弥补的损害的，前述规定的股东有权为了公司的利益以自己的名义直接向人民法院提起诉讼。他人侵犯公司合法权益，给公司造成损失的，前述规定的股东可以依照前述规定向人民法院提起诉讼。

第三，董事、高级管理人员违反法律、行政法规或者公司章程的规定，损害股东利益的，股东可以向人民法院提起诉讼。

第七节 公司债券

一、公司债券的概念

公司债券是指公司依照法定程序发行、约定在一定期限还本付息的有价证券。

> **相关链接**
>
> **公司债券与股票的区别**
>
> • 法律性质不同。公司债券体现了发行公司与债券持有人之间的债权债务关系，而股票则反映了投资者与公司之间的投资关系。
>
> • 本金是否返还不同。公司债券的本金到期后将全额返还给债券持有人，而股票所表现的股金则一般不予返还。
>
> • 风险大小不同。公司债券持有人的收益即利息是固定的，而股票的收益却不固定，可能高也可能低，甚至亏损，股票的风险大大高于公司债券。
>
> • 受偿顺序不同。对于股票而言，公司债券具有优先受偿权，即公司债券持有人在公司解散或破产的情况下，有权优先于股票的持有人得到清偿。

二、公司债券的种类

根据公司债券是否记名，可将公司债券分为记名公司债券和无记名公司债券。

根据公司债券是否可转换为股票，可将债券分为可转换公司债券和非转换公司债券。

三、公司债券的转让

（一）公司债券的转让价格

公司债券可以转让，转让价格由转让人与受让人约定。

公司债券在证券交易所上市交易的，按照证券交易所的交易规则转让。

（二）公司债券的转让方式

1. 记名公司债券，由债券持有人以背书方式或者法律、行政法规规定的其他方式转让，转让后由公司将受让人的姓名或者名称及住所记载于公司债券存根簿。

2. 无记名公司债券的转让，由债券持有人将该债券交付给受让人后即发生转让的效力。

四、可转换公司债券的特别规定

1. 上市公司经股东大会决议可以发行可转换为股票的公司债券，并在公司债券募集办法中规定具体的转换办法。上市公司发行可转换为股票的公司债券，应当报国务院证券监督管理机构核准。发行可转换为股票的公司债券，应当在债券上标明可转换公司债券字样，并在公司债券存根簿上载明可转换公司债券的数额。

2. 发行可转换为股票的公司债券的，公司应当按照其转换办法向债券持有人换发股票，但债券持有人对转换股票或者不转换股票有选择权。

> **名词释义**
>
> **可转换为股票的公司债券**：是指债券持有人有权选择将其转换为股票的上市公司发行的公司债券。

第八节 公司财务、会计

一、公司的财务会计报告

（一）编制要求

公司应当在每一会计年度终了时编制财务会计报告，并依法经会计师事务所审计。财务会计报告应当依照法律、行政法规和国务院财政部门的规定制作。

（二）报送和公告

有限责任公司应当按照公司章程规定的期限将财务会计报告送交各股东。股份有限公司的财务会计报告应当在召开股东大会年会的20日前置备于本公司，供股东查阅；公开发行股票的股份有限公司必须公告其财务会计报告。

二、公积金

（一）公积金的提取

1. 法定公积金的提取。公司分配当年税后利润时，应当提取利润的10%列入公司法定公积金。公司法定公积金累计额为公司注册资本的50%以上的，可以不再提取。公司的法定公积金不足以弥补以前年度亏损的，在依照前述规定提取法定公积金之前，应当先用当年利润弥补亏损。

2. 任意公积金的提取。公司从税后利润中提取法定公积金后，经股东会或者股东大会决议，还可以从税后利润中提取任意公积金。公司弥补亏损和提取公积金后所余税后利润，有限责任公司依照《公司法》第三十五条的规定分配；股份有限公司按照股东持有的股份比例分配，但股份有限公司章程规定不按持股比例分配的除外。

3. 资本公积金。股份有限公司以超过股票票面金额的发行价格发行股份所得的溢价款以及国务院财政部门规定列入资本公积金的其他收入，应当列为公司资本公积金。

> **知识链接**
>
> 　　公积金是指公司在资本之外所保留的资金金额。公积金分为盈余公积金和资本公积金。盈余公积金是指从公司盈余中提取的公积金，如法定公积金等；资本公积金是指直接由资本原因形成的公积金，如超过票面金额发行股票所得的溢价款等。

（二）公积金的使用

　　公司的公积金用于弥补公司的亏损、扩大公司生产经营或者转为增加公司资本。但是，资本公积金不得用于弥补公司的亏损。

　　法定公积金转为资本时，所留存的该项公积金不得少于转增前公司注册资本的25%。

三、承办公司审计业务的会计师事务所的聘用、解聘

　　公司聘用、解聘承办公司审计业务的会计师事务所，依照公司章程的规定，由股东会、股东大会或者董事会决定。

　　公司股东会、股东大会或者董事会就解聘会计师事务所进行表决时，应当允许会计师事务所陈述意见。

四、公司在财务会计方面的义务

　　公司应当向聘用的会计师事务所提供真实、完整的会计凭证、会计账簿、财务会计报告及其他会计资料，不得拒绝、隐匿、谎报。

　　公司除法定的会计账簿外，不得另立会计账簿。对公司资产，不得以任何个人名义开立账户存储。

第九节　公司合并、分立、增资、减资

一、公司合并

（一）公司合并的含义

　　公司合并是指两个或两个以上的公司，因生产经营的需要，根据法律规定的条件和程序，变更为一个公司的法律行为。

（二）公司合并的种类

　　公司合并分为吸收合并与新设合并两种。

1. 吸收合并，是指一个公司接纳另一个或一个以上的公司，而被接纳的公司因此解散，接纳被解散公司的公司继续存在的法律行为。

2. 新设合并，是指一个公司与另一个或一个以上的公司合并成立一个新的公司，而合并前的公司全部解散的法律行为。

（三）公司合并的程序

1. 合并各方签订合并协议，并编制资产负债表及财产清单。
2. 股东会或股东大会作出合并协议。
3. 通知和公告债权人。公司应当自作出合并决议之日起 10 日内通知债权人，并于 30 日内在报纸上公告。债权人自接到通知书之日起 30 日内，未接到通知书的自公告之日起 45 日内，可以要求公司清偿债务或者提供相应的担保。
4. 实施合并行为并办理工商变更登记手续。公司合并，登记事项发生变更的，应当依法向公司登记机关办理变更登记；公司解散的，应当依法办理公司注销登记；设立新公司的，应当依法办理公司设立登记。

（四）公司合并的法律后果

公司合并时，合并各方的债权、债务，应当由合并后存续的公司或者新设的公司承继。

二、公司分立

（一）公司分立的含义

公司分立，是指一个公司按照法律规定的条件和程序，分解为两个或两个以上公司的法律行为。

（二）公司分立的种类

公司分立分为存续分立和新设分立。

1. 存续分立，是指一个公司按照法律规定的条件和程序，将其部分资产或业务分出后另行设立一个或一个以上新的公司，分立前的公司继续存在的法律行为。
2. 新设分立，是指一个公司按照法律规定的条件和程序，将其全部资产或业务进行分割后另行设立两个或两个以上新的公司，分立前的公司因此解散的法律行为。

（三）公司分立的程序

1. 编制资产负债表及财产清单。
2. 股东会或股东大会作出分立决议。
3. 通知和公告债权人。公司应当自作出分立决议之日起 10 日内通知债权人，并于 30 日内在报纸上公告。
4. 实施分立行为并办理工商变更登记手续。
   （1）公司分立，其财产作相应的分割。
   （2）公司分立，登记事项发生变更的，应当依法向公司登记机关办理变更登记；公司解散的，应当依法办理公司注销登记；设立新公司的，应当依法办理公司设立登记。

(四) 公司分立的法律后果

公司分立前的债务由分立后的公司承担连带责任。但是，公司在分立前与债权人就债务清偿达成的书面协议另有约定的除外。

三、公司增加注册资本

1. 有限责任公司增加注册资本时，股东认缴新增资本的出资，依照公司法设立有限责任公司缴纳出资的有关规定执行。

2. 股份有限公司为增加注册资本发行新股时，股东认购新股，依照公司法设立股份有限公司缴纳股款的有关规定执行。

四、公司减少注册资本

1. 公司需要减少注册资本时，必须编制资产负债表及财产清单。

2. 公司应当自作出减少注册资本决议之日起 10 日内通知债权人，并于 30 日内在报纸上公告。债权人自接到通知书之日起 30 日内，未接到通知书的自公告之日起 45 日内，有权要求公司清偿债务或者提供相应的担保。

3. 公司减资后的注册资本不得低于法定的最低限额。

第十节　公司解散和清算

一、公司解散

(一) 公司解散原因

1. 公司章程规定的营业期限届满或者公司章程规定的其他解散事由出现；
2. 股东会或者股东大会决议解散；
3. 因公司合并或者分立需要解散；
4. 依法被吊销营业执照、责令关闭或者被撤销；
5. 公司经营管理发生严重困难，继续存续会使股东利益受到重大损失，通过其他途径不能解决的，持有公司全部股东表决权 10% 以上的股东，可以请求人民法院解散公司。

(二) 公司解散的例外

公司具有公司章程规定的营业期限届满或者公司章程规定的其他解散事由出现的情形时，可以通过修改公司章程而存续。依照前述规定修改公司章程，有限责任公司须经 2/3 以上持有表决权的股东通过，股份有限公司须经出席股东大会会议的股东所持表决权的 2/3 以上通过。

二、公司清算

(一) 公司的解散清算

1. 成立清算组。公司除因公司合并或者分立需要解散的以外，应当在解散事由出现之日起15日内成立清算组，开始清算。有限责任公司的清算组由股东组成，股份有限公司的清算组由董事或者股东大会确定的人员组成。逾期不成立清算组进行清算的，债权人可以申请人民法院指定有关人员组成清算组进行清算。人民法院应当受理该申请，并及时组织清算组进行清算。

2. 清算组的职权。清算组在清算期间行使下列职权：
（1）清理公司财产，分别编制资产负债表和财产清单；
（2）通知、公告债权人；
（3）处理与清算有关的公司未了结的业务；
（4）清缴所欠税款以及清算过程中产生的税款；
（5）清理债权、债务；
（6）处理公司清偿债务后的剩余财产；
（7）代表公司参与民事诉讼活动。

3. 清算组的义务与责任。
（1）通知和公告债权人。清算组应当自成立之日起10日内通知债权人，并于60日内在报纸上公告。债权人应当自接到通知书之日起30日内，未接到通知书的自公告之日起45日内，向清算组申报其债权。

（2）对债权人申报的债权进行登记。债权人申报债权，应当说明债权的有关事项，并提供证明材料。清算组应当对债权进行登记。在申报债权期间，清算组不得对债权人进行清偿。

（3）清理公司财产并制定清算方案。清算组在清理公司财产、编制资产负债表和财产清单后，应当制定清算方案，并报股东会、股东大会或者人民法院确认。公司财产在分别支付清算费用、职工的工资、社会保险费用和法定补偿金，缴纳所欠税款，清偿公司债务后，剩余财产按照股东的出资比例分配，股份有限公司按照股东持有的股份比例分配。清算期间，公司存续，但不得开展与清算无关的经营活动。公司财产在未按前述规定清偿前，不得分配给股东。

（4）申请宣告破产。清算组在清理公司财产、编制资产负债表和财产清单后，发现公司财产不足清偿债务的，应当依法向人民法院申请宣告破产。公司经人民法院裁定宣告破产后，清算组应当将清算事务移交给人民法院。

（5）制作清算报告并申请注销公司登记。公司清算结束后，清算组应当制作清算报告，报股东会、股东大会或者人民法院确认，并报送公司登记机关，申请注销公司登记，公告公司终止。

（6）清算组成员应当忠于职守，依法履行清算义务。清算组成员不得利用职权收受贿赂或者其他非法收入，不得侵占公司财产。清算组成员因故意或者重大过失给公司或者债权人造成损失的，应当承担赔偿责任。

(二) 公司的破产清算

公司被依法宣告破产的，依照有关企业破产的法律实施破产清算。

> **知识链接**
>
> 公司被依法宣告破产的，主要依照《企业破产法》的规定进行破产清算。

练习与实训

一、单项选择题

1. 甲为燕窝有限公司的债权人，现燕窝有限公司股东会作出公司合并决议，并依法向债权人发出了通知，进行了公告。根据我国《公司法》的规定，甲在法定期间内有权要求燕窝有限公司清偿债务或者提供相应的担保。该法定期间为（　　）。
   A. 自接到通知书之日起 30 日内，未接到通知书的自第一次公告之日起 30 日内
   B. 自接到通知书之日起 30 日内，未接到通知书的自第一次公告之日起 45 日内
   C. 自接到通知书之日起 45 日内，未接到通知书的自第一次公告之日起 30 日内
   D. 自接到通知书之日起 45 日内，未接到通知书的自第一次公告之日起 45 日内

2. 根据《公司法》的规定，下列有关公司组织机构的表述中，正确的是（　　）。
   A. 股东人数较少或规模较小的有限责任公司可以不设监事会，也可以不设监事
   B. 一人有限责任公司不设股东会
   C. 国有独资公司的董事长由董事会以全体董事的过半数选举产生
   D. 股份有限公司的董事会成员应当有公司职工代表

3. 股份有限公司采取募集设立方式的，发起人认购的股份不得少于公司股份总数的（　　）。
   A. 15%　　　　　B. 25%　　　　　C. 35%　　　　　D. 50%

4. 甲、乙、丙于 2015 年 1 月出资设立蓝天有限公司。2016 年 3 月，该公司又吸收丁入股。2017 年 10 月，该公司因经营管理不善造成严重亏损，被依法宣告破产。人民法院在破产清算中查明：甲在公司设立时作价出资的房屋，其实际价额显著低于公司章程所定价额；甲的个人财产不足以偿付其应出资额与实际出资额的差额。按照我国《公司法》的规定，对甲出资不足的行为，正确的处理方法是（　　）。
   A. 甲以个人财产补缴其差额，不足部分由乙、丙、丁补足
   B. 甲以个人财产补缴其差额，不足部分由乙、丙补足
   C. 甲以个人财产补缴其差额，不足部分待其持有财产时再补足
   D. 甲、乙、丙、丁均不承担补缴该差额的责任

5. 下列选项中，属于有限公司股东会职权的是（　　）。
   A. 选举和更换董事、监事　　　　　B. 决定公司的经营计划和投资方案
   C. 决定公司内部管理机构的设置　　D. 对发行公司债券作出决议

6. 下列关于国有独资公司组织机构的表述中，符合《公司法》规定的是(　　)。
   A. 国有独资公司不设股东会，由国有资产监督管理机构行使股东会职权
   B. 国有独资公司董事会成员中可以有公司职工代表
   C. 国有独资公司董事长由董事会全体董事选举产生
   D. 国有独资公司监事会主席由监事会全体监事选举产生

7. 根据《公司法》的规定，在法定的会计账簿以外另立会计账簿的，由县级以上人民政府财政部门责令改正，处以(　　)。
   A. 1万元以上10万元以下的罚款　　　B. 5万元以上10万元以下的罚款
   C. 5万元以上50万元以下的罚款　　　D. 10万元以上50万元以下的罚款

8. 根据《公司法》的规定，人民法院依照法律规定的强制执行程序转让股东的股权时，应当通知公司及全体股东，其他股东在同等条件下有优先购买权。其他股东自人民法院通知之日起满(　　)不行使优先购买权的，视为放弃优先购买权。
   A. 60日　　　B. 45日　　　C. 30日　　　D. 20日

9. 下列选项中，不符合《公司法》规定的是(　　)。
   A. 一人有限责任公司的股东不能证明公司财产独立于股东自己财产的，应当对公司债务承担连带责任
   B. 因1/3以上的监事提议而召开股东会临时会议
   C. 公司章程没有特别规定的情况下，自然人股东死亡后，其合法继承人继承了股东资格
   D. 因股权转让而导致的公司章程修改需经股东会表决通过

10. 有限责任公司中列席董事会会议的是(　　)。
    A. 董事　　　B. 经理　　　C. 监事　　　D. 股东

11. 下列人员中，可以担任有限公司监事的是(　　)。
    A. 副经理　　　B. 财务负责人　　　C. 股东　　　D. 董事

12. 下列选项中，国有独资公司董事会有权作出决定的是(　　)。
    A. 对增加注册资本作出决议　　　B. 对合并作出决议
    C. 解聘公司经理　　　D. 对发行公司债券作出决议

13. 有限责任公司的股东向股东以外的人转让股权，应当经其他股东(　　)同意。
    A. 1/3以上　　　B. 半数以上　　　C. 过半数　　　D. 2/3以上

14. 根据《公司法》的规定，股份有限公司的财务会计报告应在召开股东大会年会的一定期间以前置备于公司，供股东查阅。该期间为(　　)。
    A. 5日　　　B. 10日　　　C. 15日　　　D. 20日

15. 2016年10月，甲、乙、丙共同出资设立了理想有限公司。2017年12月，丙与丁达成协议，将其在理想有限公司的出资全部转让给丁，甲、乙均不同意。下列选项中，不符合我国《公司法》规定的是(　　)。
    A. 由甲或乙购买丙的出资
    B. 如果甲、乙均不愿购买，丙不得将出资转让给丁
    C. 由甲和乙共同购买丙的出资
    D. 如果甲、乙均不愿购买，丙有权将出资转让给丁

16. 下列有关有限公司股东出资的表述中，正确的是( )。
    A. 经全体股东同意，股东可以用劳务出资
    B. 不按规定缴纳所认缴出资的股东，应对已足额缴纳出资的股东承担违约责任
    C. 股东认缴出资并经法定验资机构验资后，不得抽回出资
    D. 股东向股东以外的人转让出资，须经全体股东1/2以上同意

17. 甲、乙、丙、丁、戊、己、庚为东方股份有限公司董事会成员。董事甲、乙、丙、丁、戊、己出席了本年度第三次董事会会议，庚因出国在外无法出席，亦未书面委托其他董事代为出席。该次会议通过的一项决议违反法律规定，给公司造成了严重损失。董事甲在董事会会议上就该项决议表决时表明了异议，但未将异议记录在董事会会议记录中。根据我国《公司法》的规定，应当对公司负赔偿责任的董事是( )。
    A. 甲、乙、丙、丁、戊、己、庚   B. 甲、乙、丙、丁、戊、己
    C. 乙、丙、丁、戊、己、庚   D. 乙、丙、丁、戊、己

18. 下列有关股份有限公司监事会的表述中，符合《公司法》规定的是( )。
    A. 监事会成员必须由股东大会选举产生
    B. 监事会成员中必须有职工代表
    C. 监事会主席由出席会议的监事过半数选举产生
    D. 监事会每年度至少召开一次会议

19. 根据《公司法》规定，公司减少注册资本时，应当依法通知债权人并在报纸上公告。下列有关公司通知债权人及公告的表述中，正确的是( )。
    A. 公司应自作出减少注册资本决议之日起10日内通知债权人，并于30日内在报纸上公告
    B. 公司应自作出减少注册资本决议之日起15日内通知债权人，并于45日内在报纸上公告
    C. 公司应自作出减少注册资本决议之日起10日内通知债权人，并于30日内在报纸上至少公告3次
    D. 公司应自作出减少注册资本决议之日起15日内通知债权人，并于45日内在报纸上至少公告3次

20. 根据《公司法》的规定，设立股份有限公司的，应于创立大会结束后30日内由( )向公司登记机关申请设立登记。
    A. 全体认股人指定的代表   B. 董事会
    C. 发起人   D. 发起人指定的代表

21. 累积投票制是指( )选举董事或监事时，每一股份拥有与应选董事或监事人数相同的表决权，股东拥有的表决权可以集中使用。
    A. 股东会   B. 股东大会   C. 董事会   D. 监事会

22. 下列选项中，可以担任公司董事、监事、高级管理人员的是( )。
    A. 正在某小学六年级（3班）上学的洪某
    B. 因盗窃被判处有期徒刑且执行期满六年的龚某
    C. 正在某初级中学上初中一年级的李某
    D. 因故意杀人被附加剥夺政治权利且执行期满三年的王某

23. 某有限公司股东甲、乙、丙、丁分别持有公司5%、20%、35%和40%的股权,该公司章程未对股东行使表决权及股东会决议方式作出规定。下列关于公司股东会会议召开及决议作出的表述中,符合《公司法》规定是(   )。

　　A. 甲可以提议召开股东会临时会议

　　B. 只有丁可以提议召开股东会临时会议

　　C. 只要丙和丁表示同意,股东会即可作出增加公司注册资本的决定

　　D. 只要乙和丁表示同意,股东会即可作出变更公司形式的决定

24. 下列公司组织机构中关于公司职工代表的表述中,不符合《公司法》规定的是(   )。

　　A. 股份有限公司董事会成员中应当包括公司职工代表

　　B. 股份有限公司监事会成员中应当包括公司职工代表

　　C. 国有独资公司董事会成员中应当包括公司职工代表

　　D. 国有独资公司监事会成员中应当包括公司职工代表

25. 某有限责任公司的股东会拟对公司为股东甲提供担保事项进行表决。下列有关该事项表决通过的表述中,符合《公司法》规定的是(   )。

　　A. 该项表决由公司全体股东所持表决权的过半数通过

　　B. 该项表决由出席会议的股东所持表决权的过半数通过

　　C. 该项表决由除甲以外的股东所持表决权的过半数通过

　　D. 该项表决由出席会议的除甲以外的股东所持表决权的过半数通过

二、多项选择题

1. 甲股份有限公司的董事会召开会议,会上发生的下列行为中不符合《公司法》规定的有(   )。

　　A. 董事长因故不能出席会议,其指定副董事长李四主持本次董事会会议

　　B. 作出了减少公司注册资本的决议

　　C. 通过了新的公司薪酬管理制度和绩效考评制度

　　D. 董事会会议记录由主持会议的副董事长李四和记录员签名后存档

2. 根据《公司法》的规定,下列选项中,属于一人有限责任公司与其他有限责任公司不同之处的有(   )。

　　A. 关于注册资本最低限额的规定

　　B. 关于股东出资可否分期缴付的规定

　　C. 关于年终财务报告是否须经会计师事务所审计的规定

　　D. 关于股东是否承担有限责任的规定

3. 下列关于分公司法律地位的表述中,正确的有(   )。

　　A. 分公司具有独立的法人资格

　　B. 分公司独立承担民事责任

　　C. 分公司可以依法独立从事生产经营活动

　　D. 分公司从事经营活动的民事责任由其总公司承担

4. 下列关于有限公司股东出资方式的表述中,符合《公司法》规定的有(   )。

　　A. 股东可以用债权出资　　　　　　B. 股东可以用股权出资

C. 股东可以用非专利技术出资　　　　D. 股东可以用劳务出资

5. 根据《公司登记管理条例》规定，下列各项中，需要办理变更登记的有(　　)。
   A. 公司的法定代表人发生变化　　　　B. 公司的住所发生变化
   C. 公司的股东发生变化　　　　　　　D. 公司的经营范围发生变化

6. 根据《公司法》规定，有限公司股东会作出的下列决议中，必须经代表2/3以上表决权的股东通过的有(　　)。
   A. 对股东转让出资作出决议　　　　　B. 对变更公司名称作出决议
   C. 对变更公司形式作出决议　　　　　D. 对增加注册资本作出决议

7. 下列选项中，属于《公司法》规定的上市公司监事会职权的有(　　)。
   A. 检查公司财务　　　　　　　　　　B. 提议召开临时股东大会
   C. 向股东大会会议提出提案　　　　　D. 拟订公司的基本管理制度

8. 下列选项中，属于《公司法》规定的上市公司董事会职权的有(　　)。
   A. 制订发行公司债券的方案
   B. 对公司减少注册资本作出决议
   C. 制订公司的年度财务预算方案、决算方案
   D. 管理公司信息披露事项

9. 根据《公司法》的规定，股份有限公司发生下列情形时，应当召开临时股东大会的有(　　)。
   A. 董事人数不足公司章程所定人数的3/4时
   B. 监事会提议召开时
   C. 单独持有公司股份5%的股东请求时
   D. 公司未弥补的亏损达到股本总额的1/2时

10. 下列各项中，属于《公司法》规定的可以提议召开有限公司股东会临时会议的有(　　)。
    A. 1/10以上的股东　　　　　　　　B. 持有公司1/10以上股权的股东
    C. 1/3以上的董事　　　　　　　　　D. 监事

11. 根据公司法律制度的规定，下列选项中，属于有限公司监事会职权的有(　　)。
    A. 提议召开临时股东会
    B. 选举和更换由股东代表出任的监事
    C. 要求财务负责人纠正损害公司利益的行为
    D. 检查公司财务

12. 下列关于股份有限公司注册资本的表述中，正确的有(　　)。
    A. 股份有限公司采取发起设立方式的，注册资本为在公司登记机关登记的全体发起人认购的股本总额
    B. 股份有限公司采取发起设立方式的，公司全体发起人的首次出资额不得低于注册资本的20%，其余部分由发起人自公司成立之日起2年内缴足；其中投资公司可以在5年内缴足
    C. 股份有限公司采取募集方式设立的，注册资本为在公司登记机关登记的实收股本

总额

D. 以募集设立方式设立股份有限公司的，发起人认购的股份不得少于公司股份总数的35%

13. 如果某股份有限公司股本总额为1亿元，董事会由11名成员组成，那么该公司必须在2个月内召开临时股东大会的情形有（　　　　）。

  A. 监事会提议召开　　　　　　　　B. 未弥补的亏损达3 000万元

  C. 董事会人数减少至8人　　　　　　D. 持有该公司15%股份的股东请求

14. 《公司法》规定的股份有限公司可以收购本公司股份的情形包括（　　　　）。

  A. 减少公司注册资本

  B. 与持有本公司股份的其他公司合并

  C. 将股份奖励给本公司职工

  D. 股东因对股东大会作出的公司合并决议持有异议，要求公司收购其股份的

15. 甲、乙、丙、丁四人拟共同出资设立一贸易有限责任公司，注册资本为100万元。其草拟的公司章程记载的下列事项中，符合《公司法》规定的有（　　　　）。

  A. 公司由甲同时担任经理和法定代表人

  B. 公司不设监事会，由乙担任监事

  C. 股东向股东以外的人转让股权，应当经其他股东过半数同意

  D. 甲、乙、丙、丁首次出资额各为5万元，其余部分出资自公司成立之日起3年内缴足

16. 下列关于一人有限责任公司的表述中，不符合《公司法》规定的有（　　　　）。

  A. 一人有限责任公司的股东只能是自然人

  B. 一人有限责任公司的股东应当对公司债务承担无限连带责任

  C. 一人有限责任公司的注册资本最低限额为3万元

  D. 一人有限责任公司的股东不得分期缴付出资

17. 根据《公司法》的规定，股份有限公司董事、高级管理人员执行公司职务时因违法给公司造成损失的，在一定情形下，连续180日以上单独或合计持有公司1%以上股份的股东可以为了公司利益，以自己的名义直接向人民法院提起诉讼。下列各项中，属于该情形的有（　　　　）。

  A. 股东书面请求公司董事会向人民法院提起诉讼遭到拒绝

  B. 股东书面请求公司董事会向人民法院提起诉讼，董事会自收到请求之日起30日内未提起诉讼

  C. 股东书面请求公司监事会向人民法院提起诉讼遭到拒绝

  D. 股东书面请求公司监事会向人民法院提起诉讼，监事会自收到请求之日起30日内未提起诉讼

18. 甲公司是一家以募集方式设立的股份有限公司，其注册资本为人民币6 000万元。董事会有7名成员。最大股东李某持有公司12%的股份。根据《公司法》的规定，下列各项中，属于甲公司应当在两个月内召开临时股东大会的情形有（　　　　）。

  A. 董事人数减至4人　　　　　　　　B. 监事陈某提议召开

  C. 最大股东李某请求召开　　　　　　D. 公司未弥补亏损达人民币1 600万元

19. 某股份有限公司发行新股，其实施的下列行为中，不符合公司法律制度关于股票发行规定的有（　　）。
   A. 以低于其他投资者的价格向公司原股东发行股票
   B. 以超过股票票面金额的价格发行股票
   C. 向公司发起人发行无记名股票
   D. 向某法人股东发行记名股票，并将该法人法定代表人的姓名记载于股东名册

20. 下列选项中，属于我国《公司法》规定的有限公司经理职权的有（　　）。
   A. 制订公司的年度财务预算方案　　　B. 制定公司的基本管理制度
   C. 制定公司的具体规章　　　　　　　D. 主持公司的生产经营管理工作

三、判断题

1. 国有独资公司的董事长由董事会选举产生。（　　）
2. 如果某股份有限公司的注册资本为人民币9 000万元，那么，该公司的法定公积金累计达到3 000万元时，可以不再提取法定公积金。（　　）
3. 有限公司董事会决议违反法律、行政法规，致使公司遭受严重损失时，参与决议的董事对公司负赔偿责任，但经证明在表决时曾表示异议并记载于会议记录的，该董事可以免除责任。（　　）
4. 某股份有限公司发行了可转换公司债券，当转换为公司股票的条件具备时，债券持有人必须将公司债券转换为公司股票。（　　）
5. 无记名股票的转让，只要股东在依法设立的证券交易场所将股票交付给受让人后即发生转让法律效力。（　　）
6. 一个自然人只能投资设立一个一人有限责任公司，但该一人有限责任公司可以投资设立新的一人有限责任公司。（　　）
7. 一人有限责任公司的股东仅以其出资为限对公司债务承担责任。（　　）
8. 公司章程规定的营业期限届满，股东会会议通过决议修改章程使公司存续，对股东会该项决议投反对票的股东可以请求公司按照合理的价格购买其股权。（　　）
9. 有限责任公司股东向股东以外的人转让出资的，须经股东会表决通过。（　　）
10. 股份有限公司董事会的决议必须经出席会议的董事过半数通过。（　　）
11. 上市公司董事与董事会会议决议事项所涉及的企业有关联关系的，不得对该项决议行使表决权，也不得代理其他董事行使表决权。（　　）
12. 股份有限公司有权接受本公司的股票作为质押权的标的。（　　）
13. 股份有限公司解散时，清算组由股东组成。（　　）
14. 公司弥补亏损和提取公积金后所余税后利润，有限公司按照股东实缴的出资比例分配，但全体股东约定不按照出资比例分配的除外。（　　）
15. 法定公积金和资本公积金均可用于弥补公司的亏损。（　　）

四、案例分析题

案例一

张某、李某、王某、陈某等35人拟共同出资设立一有限公司。股东共同制订了公司章

程。公司章程对董事会及监事会的组成、股权转让规则等事项规定如下：
（1）公司设立董事会，董事会成员为10人；
（2）公司设立监事会，监事会成员为5人，其中包括1名职工代表；
（3）股东向股东以外的人转让股权，必须经其他股东2/3以上同意。
根据以上案情，请回答：
（1）公司章程中关于董事会组成人数的规定是否合法？为什么？
（2）公司章程中关于监事会职工代表人数的规定是否合法？为什么？
（3）公司章程中关于股权转让的规定是否合法？为什么？

案例二

某有限公司共有股东10人，其注册资本为50万元人民币（下同），其中股东甲和乙分别出资10万元，股东丙出资最多，为15万元。公司成立后，甲召集和主持了首次股东会议。2016年8月，董事会提议将注册资本增加到100万元，并提交股东会讨论表决。结果甲、乙、丙3个股东同意增资，其余7个股东不同意增资，股东会因此否决了增资方案。

根据以上案情，请回答：某有限公司的上述行为中是否存在不合法之处？如有，请指出，并说明理由。

案例三

现任甲机动车养护有限公司（下称甲公司）财务部经理的季红，与其高中同学路某共同设立了乙汽车美容养护有限公司（下称乙公司）。乙公司的经营范围与甲公司相同，并挤占了甲公司15%的市场份额。为此，甲公司召开股东会，并作出如下决议：
（1）解聘季红的财务部经理职务，聘任王音为财务部经理；
（2）要求季红将其从乙公司取得的收入上缴甲公司。
根据以上案情，请回答：
（1）季红与其高中同学路某共同设立乙汽车美容养护有限公司是否合法？为什么？
（2）甲公司股东会作出的两项决议是否合法？为什么？

案例四

甲、乙、丙3人拟发起设立一家股份有限公司，并共同制订了公司章程。该公司章程的内容包括：
（1）公司名称为春风公司；
（2）公司注册资本为500万元，其中甲以现金出资75万元，乙以商标权和专利权作价出资150万元，丙以土地使用权和劳务作价出资275万元；
（3）公司股东大会决议的表决，实行1人1票；
（4）公司设立董事会，由甲、乙、丙3人组成；
（5）公司不设监事会，设2名监事，分别由甲、乙担任。
根据以上案情，请回答：该公司章程规定的事项有无不符合法律规定之处？如有，请指出，并分别说明理由。

案例五

文文家具制造股份有限公司（以下简称"文文公司"）董事会由15名董事组成。某日，公司董事长文武召集并主持召开董事会会议，出席会议的共11名董事，另有4位董事因事请假；董事会会议讨论的下列事项，经表决有9名董事同意而获通过：

（1）由于公司董事会成员工作任务越来越重，因此给每位董事加薪20%。

（2）由于监事会成员中的职工代表李某生病，因此决定由本公司职工王某参加监事会。

（3）由于公司的财务会计工作任务日益繁重，因此拟面向社会公开招聘会计人员3名，招聘会计人员事宜经股东大会通过后付诸实施。

根据以上案情，请回答：

（1）文文公司董事会会议的召开和表决程序是否符合法律规定？为什么？

（2）文文公司董事会通过的事项有无不符合法律规定之处？请分别说明理由。

案例六

甲股份有限公司（下称甲公司）于去年1月上市，董事会成员为7人。

今年2月，甲公司董事会讨论通过了为其子公司一次性提供借款担保7 000万元的决议，其时甲公司总资产为2亿元。

今年4月，甲公司董事会拟提请股东大会聘任乙公司的总经理陈二担任甲公司独立董事，乙公司为甲公司最大的股东。

今年5月，甲公司董事会讨论向丙公司投资的方案。出席会议的6名董事会成员中，有4人同时为丙公司董事。经参会董事一致同意，通过了向丙公司投资的方案。

根据以上案情，请回答：

（1）甲公司董事会是否有权作出借款担保决议？为什么？

（2）甲公司能否聘任陈二担任本公司独立董事？为什么？

（3）甲公司董事会通过向丙公司投资的方案是否合法？为什么？

第五章 合 同 法

学习目标:
- □ 了解合同的概念及其特征、合同法的适用范围
- □ 掌握合同订立、合同效力、合同履行、合同担保、违约责任的主要法律规定
- □ 能够根据合同法的相关规定草拟简单的民事合同

【案例导入】

9月至12月间,甲公司从乙公司处购买了5万元的狗肉和羊肉,同时还购买了穿山甲肉、狍子肉、野猪肉、黄羊肉等价值38万元的野生动物肉制品。甲公司收货后陆续给付货款23万元,尚欠20万元未付。之后,乙公司在向甲公司追讨货款过程中,从甲公司处收回了部分野生动物肉制品,双方协商同意折价10万元冲减甲公司所欠货款,因其余野味产品已被甲公司售出。乙公司后将甲公司告上法院,要求甲公司支付剩余货款。

请问:(1) 该买卖合同是否有效?为什么?(2) 法院会支持乙公司的诉求吗?法院应如何处理?

第一节　合同与合同法概述

一、合同的概念和特征

(一)合同的概念

合同,是平等主体的自然人、法人、其他组织之间设立、变更、终止民事权利义务关系的协议。

（二）合同的特征

1. 合同是当事人的民事法律行为；
2. 合同当事人的法律地位平等；
3. 合同当事人的意思表示一致；
4. 合同当事人以设立、变更、终止民事权利义务关系为目的。

二、合同的分类

（一）法理分类

1. 双务合同与单务合同。

- **双务合同**。是指双方当事人互负对等给付义务的合同。《合同法》中规定的合同绝大多数是双务合同。
- **单务合同**。是指只有一方当事人承担给付义务的合同。单务合同中，合同当事人的义务不具有对应关系，不存在互为对待给付的权利义务关系，而是一方当事人享有权利另一方当事人承担义务，如赠与合同。

2. 有偿合同与无偿合同。

- **有偿合同**。是指当事人一方享有合同约定的权益，需向对方当事人支付相应对价的合同，如买卖合同、租赁合同、运输合同、保险合同等。
- **无偿合同**。是指当事人一方享有合同约定的权益，而无需向对方支付相应对价的合同，如赠与合同、借用合同等。

> **知识链接**
>
> 一般情况下，双务合同都是有偿合同，但单务合同却并非皆为无偿合同。有些单务合同是无偿的，如赠与合同；而有些单务合同则可能为有偿合同，如借贷合同。

3. 要式合同与不要式合同。

- **要式合同**。是指法律规定或者当事人约定必须采取特定形式的合同。
- **不要式合同**。是指法律对形式没有特别规定或者当事人对形式没有特别约定的合同。对不要式合同，当事人可以采用口头形式、书面形式或者其他形式。

4. 有名合同与无名合同。

- **有名合同**。也称典型合同，是指法律规定特定的名称并设有规范的合同。《合同法》规定的买卖合同、租赁合同、借款合同、保管合同等均为有名合同。
- **无名合同**。也称非典型合同，是指法律未特别规定、也未设有规范的合同。

想一想：

旅游服务合同属于有名合同还是无名合同？为什么？

5. 诺成合同与实践合同。

- **诺成合同**。是指当事人各方的意思表示一致即成立的合同，如买卖合同。

- **实践合同**。是指除当事人各方意思表示一致外，还需实际交付标的物或者完成其他给付才能成立的合同，如保管合同。

6. 主合同与从合同。
- **主合同**。是指不以其他合同存在为前提而独立存在的合同，如借贷合同、建设工程合同等。
- **从合同**。是指必须以其他合同的存在为前提，自身不能独立存在的合同，如保证合同、定金合同等。

（二）法定种类

《合同法》规定的买卖合同、供用电、水、气、热力合同、赠与合同、租赁合同、融资租赁合同、承揽合同、建设工程合同、运输合同、技术合同、保管合同、仓储合同、委托合同、行纪合同、居间合同等15类合同，均属于法定合同。

此外，《保险法》中规定的保险合同、《海商法》中规定的海上运输合同也是法定合同种类。

三、合同法适用范围

（一）合同法适用的主体范围

合同法适用于自然人之间、法人或其他组织之间及自然人与法人或者其他组织之间订立的协议。

（二）合同法适用的内容范围

合同法适用于平等主体的当事人之间设立、变更、终止民事权利义务关系的协议，但不包括"婚姻、收养、监护等有关身份关系的协议"。

想一想：
企业内部因履行生产责任制而产生的纠纷能否适用合同法？

第二节 合同的订立

一、合同订立的概念

（一）合同订立的定义

合同订立，是指两个或两个以上的当事人，依法就合同的主要条款经过协商一致达成协议的法律行为。

（二）合同订立当事人的资格

合同当事人可以是自然人，也可以是法人或者其他组织，但应当具有与订立合同相应的民事行为能力。

二、合同的形式

1. 书面形式。是指当事人以书面文字等可以有形地表现合同内容的形式，包括合同书、信件、电报、电传、电子数据交换、电子邮件等。

2. 口头形式。是指当事人以口头语言来表示合同内容的形式。口头形式简便易行，在日常生活中经常被采用，口头形式一般用于即时清结的合同。

3. 其他形式。是指除口头形式、书面形式以外，其他表现合同内容的形式，主要包括默示形式和推定形式。

想一想：

以录音、录像等视听手段表现合同的内容时，属于哪种合同的形式？

三、合同的条款

（一）合同条款的概念和种类

合同条款，即合同内容，是指合同中经双方当事人协商一致，规定双方当事人权利义务的具体条文。

合同条款分为一般条款、主要条款及普通条款三种。

（二）合同的一般条款

合同的内容由当事人约定，合同一般包括以下条款：

1. 当事人的名称或者姓名和住所。当事人是合同法律关系的主体，是合同必备的条款。

2. 标的。标的是合同当事人双方权利和义务所共同指向的对象。标的是一切合同的必备条款。没有标的，合同不成立，合同关系无法建立。合同标的多种多样，归纳起来有四类：有形财产、无形财产、劳务、工作成果。

3. 数量。是对标的的量的规定，是对标的的计量。在大多数合同中，数量是必备条款，没有数量，合同不能成立。

4. 质量。是标的内在素质和外观形态的综合，一般以品种、型号、规格、等级和工程项目的标准等体现出来。

5. 价款或者报酬。是一方当事人向对方当事人所付代价的货币支付。价款一般指对提供财产的当事人支付的货币；报酬一般指对提供劳务或者工作成果的当事人支付的货币。

名词释义

有形财产：是指具有价值和使用价值并且法律允许流通的有形物。

无形财产：是指具有价值和使用价值并且法律允许流通的不以实物形态存在的智力成果。

想一想：

价款与报酬有何区别？

6. 履行期限、地点和方式。

（1）履行期限，是指合同中规定的一方当事人向对方当事人履行义务的时间界限，如交付标的物、价款或报酬，履行劳务、完成工作的时间界限。

（2）履行地点，是指合同规定的当事人履行合同义务和对方当事人接受履行的地点。

（3）履行方式，是指合同当事人履行合同义务的具体做法。不同种类的合同，有着不同的履行方式。有的需要以转移一定财产的方式履行，如买卖合同；有的需要以提供某种劳务的方式履行，如运输合同；有的需要以交付一定的工作成果的方式履行，如承揽合同等。履行方式还包括价款或者报酬的支付方式、结算方式等。

7. 违约责任。当事人为了保证合同义务严格按照约定履行，为了及时地解决合同纠纷，可以在合同中明确规定违约责任条款，如约定定金或违约金，约定赔偿金以及赔偿金的计算方法等。

8. 解决争议的方法。指合同当事人对合同的履行发生争议时解决的途径和方式。解决争议的方法主要有：和解、调解、仲裁、诉讼。

想一想：

当事人在订立合同时，如果没有约定违约责任和解决争议的方法，那么该合同是否成立？为什么？

（三）免责条款

1. 免责条款的概念。免责条款是指合同双方当事人在合同中约定的，为免除或者限制一方或者双方当事人未来责任的条款。

2. 免责条款的效力。《合同法》规定以下两种免责条款无效：（1）造成对方人身伤害的；（2）因故意或者重大过失造成对方财产损失的。

（四）格式条款

1. 格式条款的概念。格式条款是指当事人为了重复使用而预先拟定，并在订立合同时未与对方协商的条款。

2. 格式条款无效的情形。格式条款除具有《合同法》规定合同无效及免责条款无效的情形外，《合同法》规定，提供格式条款的一方当事人免除其责任、加重对方责任、排除对方当事人的主要权利的，格式条款无效。

四、合同订立的程序

（一）要约

1. 要约的概念。要约是希望和他人订立合同的意思表示。一般而言，发出要约的一方称为"要约人",接受要约的一方称为"受要约人"。

2. 要约应具备如下条件:(1)必须是要约人的意思表示;(2)内容具体确定;(3)表明经受要约人承诺,要约人即受该意思表示约束;(4)向特定的受要约人发出。

> **相关链接**
>
> ### 要约与要约邀请的区别
>
> 要约邀请又称要约引诱,是指希望他人向自己发出要约的意思表示。
>
> 要约与要约邀请的区别在于:要约是一个一经承诺就成立合同的意思表示,是合同订立的行为,该意思表示具有法律约束力;而要约邀请只是邀请他人向自己发出要约,处于合同的准备阶段,要约邀请没有法律约束力。
>
> 寄送的价目表、拍卖公告、招标公告、招股说明书等属于要约邀请。

3. 要约的生效。《合同法》规定,要约到达受要约人时生效。

4. 要约的撤回、撤销与失效。

(1)要约的撤回。是指要约发出之后但在发生法律效力以前,要约人欲使该要约不发生法律效力而作出的意思表示。撤回要约的通知应当在要约到达受要约人之前或者与要约同时到达受要约人。

(2)要约的撤销。是指要约人在要约发生法律效力之后而受要约人承诺之前,欲使该要约失去法律效力的意思表示。要约撤销的通知应当在受要约人发出承诺通知之前到达受要约人。具有以下情形之一的,要约不得撤销:①要约人确定了承诺期限或者以其他形式明示要约不可撤销;②受要约人有理由认为要约是不可撤销的,并已经为履行合同作了准备工作。

想一想:

要约的撤销与要约的撤回有何区别?

(3)要约的失效。是指要约丧失法律效力,要约人与受要约人均不再受其约束。具有以下情形之一的,要约失效:①拒绝要约的通知到达要约人;②要约人依法撤销要约;③承诺期限届满,受要约人未作出承诺;④受要约人对要约的内容作出实质性变更。

(二) 承诺

1. 承诺的概念。承诺,是受要约人同意要约的意思表示。

2. 承诺应具备以下条件:(1)承诺必须由受要约人作出;(2)承诺必须向要约人作出;(3)承诺的内容必须与要约的内容一致;(4)承诺必须在要约的有效期限内到达要约人。

想一想:

受要约人对要约的内容作出变更的,是否属于承诺?为什么?

3. 承诺的方式。(1)明示的方式,即承诺应当以通知的方式作出。(2)默示的方式,即承诺可以根据交易习惯或者当事人约定通过实施一定的行为作出。

4. 承诺的期限。指要约人在要约中明确确定受要约人作出承诺的有效期限。

5. 承诺的生效。是指承诺发生法律效力。承诺生效的时间主要有以下三种情况：（1）承诺通知到达要约人时生效。（2）承诺不需要通知的，根据交易习惯或者要约的要求作出承诺的行为时生效。（3）采用数据电文形式订立合同的，收件人指定特定系统接收数据电文的，该数据电文进入该特定系统的时间，视为到达时间；未指定特定系统的，该数据电文进入收件人的任何系统的首次时间，视为到达时间。

6. 承诺的迟延与撤回。

（1）承诺的迟延。是指受要约人未在承诺期限内作出承诺或者受要约人在承诺期限内作出承诺但因其他原因承诺到达要约人时超过承诺期限的情形。

想一想：
迟延的承诺是否发生承诺的效力？为什么？

（2）承诺的撤回。是指受要约人在发出承诺后到达要约人之前取消其承诺的意思表示。撤回承诺的通知应当在承诺通知到达要约人之前或者与承诺通知同时到达要约人。

五、合同成立的时间和地点

（一）合同成立的时间

合同成立的时间，是指要约人与受要约人就合同内容达成一致协议的时间。
《合同法》规定，承诺生效时合同成立。

（二）合同成立的地点

合同成立的地点，是指要约人与受要约人就合同内容达成一致协议的地点。
《合同法》规定，承诺生效的地点为合同成立的地点。

六、缔约过失责任

（一）缔约过失责任的概念

缔约过失责任，是指在合同订立过程中，一方当事人因违背诚实信用原则而给另一方当事人造成损失所应承担的赔偿责任。

（二）应承担缔约过失责任的法定情形

当事人在订立合同过程中，承担缔约过失责任的法定情形包括：
1. 假借订立合同，恶意进行磋商；
2. 故意隐瞒与订立合同有关的重要事实或者提供虚假情况；
3. 有其他违背诚实信用原则的行为。

> **知识链接**
>
> 当事人在订立合同过程中知悉的商业秘密，无论合同是否成立，均不得泄露或者不正当地使用。泄露或者不正当地使用该商业秘密给对方造成损失的，应当承担损害赔偿责任。

第三节　合同的效力

一、合同的生效

（一）合同的生效时间

合同的生效，是指合同在当事人之间产生法律效力。合同一旦生效，当事人应当依合同的约定，履行各自的义务，以实现合同的目的。

《合同法》规定，合同的生效时间有下面两种情形：

1. 依法成立的合同，自成立时生效。
2. 法律、行政法规规定应当办理批准、登记等手续生效的，合同自批准、登记时生效。

想一想：
合同成立与合同生效有何关系？

（二）附条件的合同与附期限的合同

1. 附条件的合同。是指合同的当事人在合同中约定某种事实状态，并以该事实状态将来发生或者不发生作为合同生效或者不生效的限制条件的合同。

附条件的合同分为附生效条件的合同与附解除条件的合同。附生效条件的合同，自条件成就时生效；附解除条件的合同，自条件成就时失效。所附条件应是未来可能发生的事实，且必须是合法的事实。例如，甲与乙订立房屋买卖合同，约定甲将自己所有的房屋卖给乙，条件是甲调回原籍工作后。一旦甲调回原籍工作，甲乙之间的房屋买卖合同即生效。

2. 附期限的合同。是指合同当事人约定一定的期限，并把期限的到来作为合同生效或者终止的合同。附期限的合同分为附生效期限的合同与附终止期限的合同。附生效期限的合同，自期限届至时生效；附终止期限的合同，自期限届满时失效。

二、有效合同

（一）有效合同的含义

有效合同，是指具备生效要件，在当事人之间产生法律效力的合同。

（二）有效合同的条件

1. 合同当事人具有相应的民事行为能力；
2. 意思表示真实；
3. 不违反法律和社会公共利益；
4. 具备法律规定的形式。

三、可撤销合同

（一）可撤销合同的概念及其特征

1. 可撤销合同的概念。可撤销合同，是指因合同当事人订立合同时意思表示不真实，经有撤销权的当事人行使撤销权，使已经生效的合同归于无效的合同。

2. 可撤销合同具有如下特征：
（1）可撤销合同在未被撤销前是有效的合同；
（2）可撤销合同一般是意思表示不真实的合同；
（3）可撤销合同的撤销要由有撤销权的当事人通过行使撤销权来实现；
（4）可撤销合同的撤销须由人民法院或仲裁机构作出。

（二）可撤销合同的种类

1. 因重大误解订立的合同。
2. 在订立合同时显失公平的合同。
3. 一方以欺诈、胁迫的手段或者乘人之危，使对方在违背真实意思的情况下订立的合同。

> **知识链接**
>
> **重大误解**，是误解者作出意思表示时，对涉及合同法律效果的重要事项存在着认识上的显著缺陷，其后果是使误解者的利益受到较大的损失，或者达不到误解者订立合同的目的。
>
> **显失公平**，是一方当事人在紧迫或者缺乏经验的情况下订立的使当事人之间权利义务严重不对等的合同。

（三）撤销权的行使

撤销权通常由因意思表示不真实而受损害的一方当事人享有，如重大误解中的误解人、显失公平中的遭受重大不利的一方当事人。

《合同法》规定，有下列情形之一的，撤销权消灭：
1. 具有撤销权的当事人知道或者应当知道撤销事由之日起1年内没有行使撤销权；
2. 具有撤销权的当事人知道撤销事由后明确表示或者以自己的行为放弃撤销权。

想一想：

甲因女儿重病住院急需用钱，向乙提出借款15万元，乙同意借给甲15万元，条件是甲必须将自有楼房以15万元的价格卖给乙，甲答应了乙的条件，并与乙签订了房屋买卖合同。该房屋买卖合同是否可以撤销？为什么？

四、效力待定合同

（一）效力待定合同的概念及其特点

1. 效力待定合同的概念。效力待定合同，是指合同成立之后，其效力能否发生尚未确定，有待于其他行为或者事实使之确定的合同。

2. 效力待定合同的特点：

（1）合同虽已成立，但合同当事人缺乏处分权、代理权或者缺乏民事行为能力而使合同效力待定；

（2）效力待定合同既非合同完全无效，也非合同完全有效，而是处于一种效力不确定状态；

（3）效力待定合同是否发生效力，有待其他行为或者事实使之确定。

（二）效力待定合同的种类

1. 限制民事行为能力人订立的合同。由限制民事行为能力人订立的合同，属效力待定合同的，经法定代理人追认后，合同有效。

2. 无代理权人订立的合同。是指无代理权人代理他人订立的合同，包括没有代理权、超越代理权、代理权终止后以被代理人名义订立的合同。此类合同，经被代理人追认，对被代理人发生效力；未经被代理人追认，对被代理人不发生效力，由行为人承担责任。

3. 无权处分人订立的合同。是指无权处分人处分他人财产所订立的合同。此类合同，经过权利人的事后追认或者无权处分人在合同订立后取得对财产的处分权，合同有效。

想一想：

甲与乙系夫妻，甲未经乙同意与丙签订房屋买卖合同，将夫妻共同所有的房屋卖给丙，该房屋买卖合同是否有效？为什么？

五、无效合同

（一）无效合同的概念及其特点

1. 无效合同的概念。无效合同，是指不具有法律约束力和不发生履行效力的合同。

2. 无效合同具有如下特点：

（1）无效合同具有违法性；

（2）对无效合同实行国家干预性；

（3）无效合同具有不得履行性；

（4）无效合同自始无效。

（二）无效合同的种类

《合同法》规定，有下列情形之一的，合同无效：

> **名词释义**
>
> **欺诈**：是指故意隐瞒真实情况或故意告知对方虚假的情况，欺骗对方，诱使对方作出错误的意思表示而与之订立合同。
>
> **恶意串通**：是指合同当事人非法勾结，为牟取私利而共同订立的损害国家、集体或者第三人利益的合同。

1. 一方以欺诈、胁迫的手段订立合同，损害国家利益；
2. 恶意串通，损害国家、集体或者第三人利益；
3. 以合法形式掩盖非法目的；
4. 损害社会公共利益；
5. 违反法律、行政法规的强制性规定。

六、合同被确认无效或被撤销的后果

无效的合同或者被撤销的合同自始没有法律约束力。因合同被确认无效或者被撤销，当事人将承担下列责任：

1. 返还财产。合同被确认无效或者被撤销后，因该合同取得的财产，应当予以返还；不能返还或者没有必要返还的，应当折价补偿。
2. 赔偿损失。有过错的一方应当赔偿对方因此所受到的损失；双方都有过错的，应当各自承担相应的责任。
3. 收归国有。当事人恶意串通，损害国家、集体或者第三人利益的，因此取得的财产收归国家所有或者返还集体、第三人。

第四节 合同的履行

一、合同履行的概念及其特征

（一）合同履行的概念

合同履行，是指合同当事人按照合同全面完成约定义务、以实现合同目的的行为。

合同依法成立后，就具有法律约束力，当事人必须依合同约定的条款，全面、正确地履行自己的义务。当事人还应当遵循诚实信用原则，根据合同的性质、目的和交易习惯履行通知、协助、保密等义务。

想一想：
如何理解当事人必须依合同约定的条款，全面、正确地履行自己的义务？请举例说明。

（二）合同履行的特征

1. 合同履行是合同效力最基本的体现。

2. 合同履行是合同当事人履行合同约定的标的的行为。

3. 合同履行是合同当事人全面、正确完成其合同义务的行为。

4. 合同履行是合同当事人完成其合同义务的全过程。

5. 合同履行是合同债权债务关系消灭的主要原因。

二、合同履行的规则

（一）合同内容约定不明确的履行规则

合同生效后，当事人就质量、价款或者报酬、履行地点等合同没有约定或者内容约定不明确的，可以协议补充；不能达成补充协议的，按照合同有关条款或者交易习惯确定；仍不能确定的，适用下列规定：

1. 质量要求不明确的，按照国家标准、行业标准履行；没有国家标准、行业标准的，按照通常标准或者符合合同目的的特定标准履行。

2. 价款或者报酬不明确的，按照订立合同时履行地的市场价格履行；依法应当执行政府定价或者政府指导价的，按照规定履行。

3. 履行地点不明确，给付货币的，在接受货币一方所在地履行；交付不动产的，在不动产所在地履行；其他标的，在履行义务一方所在地履行。

4. 履行期限不明确的，债务人可以随时履行，债权人也可以随时要求履行，但应当给对方必要的准备时间。

5. 履行方式不明确的，按照有利于实现合同目的的方式履行。

6. 履行费用的负担不明确的，由履行义务一方承担。

（二）合同价格变动的履行规则

执行政府定价或者政府指导价的，在合同约定的交付期限内政府价格调整时，按照交付时的价格计价。逾期交付标的物的，遇价格上涨时，按照原价格执行；价格下降时，按照新价格执行。逾期提取标的物或者逾期付款的，遇价格上涨时，按照新价格执行；价格下降时，按照原价格执行。

> **知识链接**
>
> 我国实行宏观经济调控下主要由市场形成价格的机制，价格分为市场调节价和政府指导价、政府定价。

（三）涉及第三人合同的履行规则

涉及第三人的合同包括向第三人履行的合同和由第三人履行的合同。

1. 向第三人履行的合同。又称"利他合同"，是指当事人约定，由债务人向第三人履行债务，第三人直接取得请求权的合同。《合同法》规定，合同双方当事人约定由债务人向第三人履行债务的，债务人应依照约定向第三人履行债务；债务人未向第三人履行债务或者履行债务不符合约定，应当向债权人承担违约责任。

想一想：

当事人约定由债务人向第三人履行债务的，债务人不向第三人履行债务，第三人是否有权请求债务人履行？为什么？

2. 由第三人履行的合同。又称"第三人负担的合同"，指当事人约定债务由第三人履行的合同。《合同法》规定，当事人约定由第三人向债权人履行债务的，第三人应当向债权人履行债务；第三人不履行债务或者履行债务不符合约定，债务人应当向债权人承担违约责任。

三、双务合同履行中的抗辩权

抗辩权是指在双务合同履行中，出现法定条件时，当事人一方对抗对方当事人的履行请求权，暂时拒绝履行其债务的权利，包括同时履行抗辩权、后履行抗辩权和不安抗辩权。

（一）同时履行抗辩权

1. 同时履行抗辩权的概念。同时履行抗辩权是指在双务合同中，应当同时履行的一方当事人，有证据证明另一方当事人在同时履行的时间不能履行或者不能适当履行，到履行期时享有不履行或者部分履行的权利。

2. 同时履行抗辩权的发生条件：

（1）基于同一双务合同；

（2）该合同应由双方当事人同时履行；

（3）一方当事人有证据证明同时履行的对方当事人不能履行合同或者不能适当履行合同。

3. 同时履行抗辩权的效力。同时履行抗辩权属延期履行抗辩权，只是暂时阻止对方当事人请求权的行使，非永久的抗辩权。

提示： 同时履行抗辩权制度主要适用于双务合同，如买卖、租赁、有偿委托、保险、雇佣等合同。

（二）后履行抗辩权

1. 后履行抗辩权的概念。后履行抗辩权是指在双务合同中，应当先履行的一方当事人未履行或者不适当履行，到履行期限的对方当事人享有不履行或者部分履行的权利。

2. 后履行抗辩权的发生条件：

（1）当事人基于同一双务合同；

（2）当事人的履行有先后顺序；

（3）应当先履行的当事人不履行合同或不适当履行合同。

3. 后履行抗辩权的效力。后履行抗辩权不是永久性的，它的行使只是暂时阻止了对方当事人请求权的行使。先履行一方的当事人如果完全履行了合同义务，则后履行抗辩权消灭，后履行的当事人就应当按照合同约定履行自己的义务。

想一想：
当事人行使后履行抗辩权致使合同迟延履行的，迟延履行责任应由哪方当事人承担？

（三）不安抗辩权

1. 不安抗辩权的概念。不安抗辩权又称"先履行抗辩权"，指双务合同成立后，应当先履行的当事人有证据证明对方不能履行合同义务或者有不能履行合同义务的可能时，在对方没有履行或者提供担保之前，有权中止履行合同义务。

2. 不安抗辩权的发生条件：
（1）当事人基于同一双务合同；
（2）当事人的履行有先后顺序；
（3）应当先履行的当事人有确切证据证明对方当事人丧失或者可能丧失履行债务能力；
（4）后履行义务一方当事人没有提供担保。

3. 不安抗辩权的效力。
（1）中止合同。中止合同后，如果对方当事人恢复了履行能力或提供了相应的担保后，先履行一方当事人"不安"的原因消除，应当恢复合同的履行。
（2）解除合同。中止履行合同后，如果对方在合理期限内未恢复履行能力并且未提供适当担保的，中止履行合同的一方可以解除合同。

提示：先履行合同的当事人行使中止权时，应当及时通知对方，以免给对方造成损害。

四、合同的保全

（一）合同保全的概念及其特点

1. 合同保全的概念。合同的保全，是指合同在履行过程中，为保护债权人的债权免受债务人财产不当减少或者不增加带来的损害，允许债权人对债务人的不当行为作出积极反映的法律制度。包括债权人的代位权和撤销权。

2. 合同保全的特点：
（1）是合同相对性规则的例外；
（2）主要发生在合同有效成立期间；
（3）基本方法是确认债权人享有代位权和撤销权。

（二）代位权

1. 代位权的概念。代位权，是指债务人怠于行使到期债权，造成债权人的损害，债权人以自己的名义向第三人行使债务人到期债权的权利。

2. 代位权行使的条件：
（1）债权人对债务人的债权合法、确定，且必须已届清偿期；
（2）债务人怠于行使其到期债权；
（3）债务人怠于行使权利的行为已经对债权人造成损害；
（4）债务人的债权不是专属于债务人自身的债权。

想一想:
专属于债务人自身的债权主要有哪些?

3. 代位权的行使范围和费用负担:
(1) 代位权的行使范围以债权人的债权为限;
(2) 债权人行使代位权的必须费用,由债务人负担。

(三) 撤销权

1. 撤销权的概念。撤销权指债务人实施减少其财产的行为对债权人造成损害的,债权人可以请求人民法院撤销债务人的该行为的权利。
2. 撤销权行使的条件:
(1) 债务人实施了减少财产的行为;
(2) 债务人实施的行为已经发生法律效力;
(3) 债务人实施的行为已经或将要损害债权人的债权。

想一想:
债务人实施的减少财产的行为主要有哪些?

3. 撤销权行使的效力:
(1) 对债权人的效力:可以将通过行使撤销权所获得的财产全部用来清偿对自己的债务。
(2) 对债务人的效力:债务人的行为一旦被撤销,则该行为自始无效。
4. 撤销权的行使范围和费用负担。撤销权的行使范围以债权人的债权为限;债权人行使撤销权的必要费用,由债务人负担。
5. 撤销权行使的时效:
(1) 债权人知道或应当知道撤销事由:撤销权自债权人知道或者应当知道撤销事由之日起 1 年内行使。
(2) 债权人不知道撤销事由:自债务人的行为发生之日起 5 年内行使,5 年内没有行使撤销权,撤销权消灭。

第五节　合同的担保

一、合同担保的概念及方式

合同担保,是指依照法律规定,或由当事人双方经过协商一致而约定的,为保障合同债权实现的法律措施。

合同担保的方式包括：保证、抵押、质押、留置和定金。

二、保证

（一）保证的概念

保证，是指第三人和债权人约定，当债务人不履行债务时，第三人按照约定履行债务或者承担责任的行为。

（二）保证人

保证人，是指为债务人的债务的履行作担保的第三人。具有代为清偿债务能力的法人、其他组织或者自然人可以作为保证人。

想一想：

国家机关能否作为保证人？学校、幼儿园、医院等以公益为目的的事业单位、社会团体能否作为保证人？为什么？

（三）保证内容

保证的内容应当由保证人与债权人在以书面形式订立的保证合同中加以确定。保证合同应当包括以下内容：

1. 被保证的主债权种类、数额；
2. 债务人履行债务的期限；
3. 保证的方式；
4. 保证担保的范围；
5. 保证的期间；
6. 双方认为需要约定的其他事项。

（四）保证方式

保证方式包括一般保证和连带责任保证两种。

1. 一般保证。当事人在保证合同中约定，债务人不能履行债务时，由保证人承担保证责任的，为一般保证。一般保证的保证人在主合同纠纷未经审判或者仲裁，并就债务人财产依法强制执行仍不能履行债务前，对债权人可以拒绝承担保证责任。

2. 连带责任保证。当事人在保证合同中约定保证人与债务人对债务承担连带责任的，为连带责任保证。连带责任保证的债务人在主合同规定的债务履行期届满没有履行债务的，债权人可以要求债务人履行债务，也可以要求保证人在其保证范围内承担保证责任。

想一想：

当事人对保证方式没有约定或者约定不明确的，承担何种保证责任？

（五）保证责任

1. 保证责任的概念。保证责任，是在保证合同约定的担保事项出现时，保证人应承担的法律责任。

2. 保证责任的范围。保证人与债权人约定的保证担保范围包括主债权及利息、违约金、损害赔偿金和实现债权的费用。保证合同另有约定的，按照约定。当事人对保证担保的范围没有约定或者约定不明确的，保证人应当对全部债务承担责任。

三、抵押

（一）抵押的概念

抵押，是指债务人或者第三人不转移对法律规定的特定的财产的占有，将该财产作为债权的担保，当债务人不履行债务时，债权人有权依照法律规定以该财产折价或者以拍卖、变卖该财产的价款优先受偿。

（二）抵押物

抵押物，是指债务人或者第三人提供担保的财产。法律规定，下列财产可以抵押：

1. 抵押人所有的房屋和其他地上定着物；
2. 抵押人所有的机器、交通运输工具和其他财产；
3. 抵押人依法有权处分的国有的土地使用权、房屋和其他地上定着物；
4. 抵押人依法有权处分的国有的机器、交通运输工具和其他财产；
5. 抵押人依法承包并经发包方同意抵押的荒山、荒沟、荒丘、荒滩等荒地的土地使用权；
6. 依法可以抵押的其他财产。

想一想：

土地所有权和学校的教学楼可以抵押吗？为什么？

（三）抵押合同

抵押合同是指抵押人与抵押权人就抵押担保的内容订立的书面协议。抵押合同应当包括以下内容：

1. 被担保的主债权种类、数额；
2. 债务人履行债务的期限；
3. 抵押物的名称、数量、质量、状况、所在地、所有权权属或者使用权权属；
4. 抵押担保的范围；
5. 当事人认为需要约定的其他事项。

（四）抵押物登记

当事人以法律规定的需要办理抵押物登记的财产抵押的，应当办理抵押物登记，抵押合同自登记之日起生效。当事人未办理抵押物登记的，不得对抗第三人。

（五）抵押担保的范围

抵押担保的范围包括主债权及利息、违约金、损害赔偿金和实现抵押权的费用。抵押合同另有约定的，按照约定。

（六）抵押权的实现

1. 债务履行期届满，抵押权人未受清偿的，可以与抵押人协议以抵押物折价或者以拍卖、变卖该抵押物所得的价款受偿；协议不成的，抵押权人可以向人民法院提起诉讼。

2. 抵押物折价或者拍卖、变卖后，其价款超过债权数额的部分归抵押人所有，不足部分由债务人清偿。

四、质押

（一）质押的概念及其种类

质押，是指债务人或者第三人将动产或权利移交债权人占有，作为债务履行的担保。

质押分为动产质押和权利质押。

（二）动产质押

动产质押，指债务人或第三人将其动产移交债权人占有，将该动产作为债权的担保，当债务人不履行债务时，债权人有权依照法律规定，以该动产折价或者以变卖该动产的价款优先受偿。

设立动产质押必须由出质人与质权人订立质押合同。动产质押合同自质押物移交于质权人占有时生效。

想一想：

动产质押与抵押的主要区别是什么？

（三）权利质押

权利质押，指债务人或第三人以动产以外的其他权利作为债权的担保。可以作为权利质押的权利，主要包括以下几类：

1. 汇票、支票、本票、债券、存款单、仓单、提单。
2. 依法可以转让的股份、股票，基金份额。
3. 依法可以转让的商标专用权，专利权、著作权中的财产权。
4. 依法可以质押的其他权利。

想一想：

应收账款可以作为权利质押的出质标的吗？

五、留置

(一) 留置的概念
留置，是指依照法律规定，债权人按照合同约定占有债务人的动产，债务人不按照合同约定的期限履行债务的，债权人有权依照法律规定扣留该财产，并以该财产折价或者以拍卖、变卖该财产的价款优先受偿。

(二) 留置的适用条件
因保管合同、运输合同、加工承揽合同发生的债权及法律规定可以留置的其他合同，债务人不履行债务的，债权人有留置权。

(三) 留置担保的范围
留置担保的范围包括主债权及利息、违约金、损害赔偿金，留置物保管费用和实现留置权的费用。

(四) 留置权的行使
1. 债权人与债务人应当在合同中约定，债权人留置财产后，债务人应当在不少于 2 个月的期限内履行债务。债权人与债务人在合同中未约定的，债权人留置债务人财产后，应当确定 2 个月以上的期限，通知债务人在该期限内履行债务。债务人逾期仍不履行的，债权人可以与债务人协议以留置物折价，也可以依法拍卖、变卖留置物。

2. 留置物折价或者拍卖、变卖后，其价款超过债权数额的部分归债务人所有，不足部分由债务人清偿。

(五) 留置权的消灭
留置权因债权消灭或债务人另行提供担保并被债权人接受而消灭。

六、定金

(一) 定金的概念
定金，是指合同当事人约定一方向对方给付一定数额的货币作为履行合同的担保。

想一想：
定金与订金有什么区别？

(二) 定金的成立条件
1. 双方当事人就定金担保达成合意；
2. 有定金的现实交付；
3. 采取书面形式约定；
4. 定金的数额合法。

（三）定金罚则

给付定金的一方不履行约定的债务的，无权要求返还定金；收受定金的一方不履行约定的债务的，应当双倍返还定金。

（四）定金的数额

定金的数额由当事人约定，但不得超过主合同标的额的20%。

第六节　合同的变更、转让

一、合同的变更

（一）合同变更的概念和特征

1. 合同变更的概念。合同变更，是指合同成立后，当事人在原合同的基础上对合同内容进行修改或者补充。

2. 合同变更的特征：

（1）须以有效成立的合同关系为前提；

（2）合同变更的对象是合同内容或标的；

（3）合同变更应当经双方协商一致。

（二）合同变更的条件

1. 当事人之间已经存在合同关系；

2. 合同内容发生了变化；

3. 须遵守法律要求的方式。

（三）合同变更的法律效力

1. 变更后的合同取代原合同，当事人应当按变更后的合同履行。

2. 合同的变更原则上对将来发生法律效力，未变更的权利义务继续有效，已经履行的债务不因合同的变更而失去法律根据，但当事人有约定的除外。

3. 合同的变更不影响当事人要求赔偿损失的权利。

想一想：

当事人对合同变更的内容约定不明确的，如何处理？

二、合同的转让

（一）合同转让的概念和种类

1. 合同转让的概念。合同的转让，是指在不改变合同内容的前提下，合同当事人一方将其合同的权利、义务全部或者部分转移给第三人。
2. 合同转让的种类。合同的转让包括合同权利的转让、合同义务的转移和合同权利义务的整体转让。

想一想：
合同转让与合同变更有何关系？

（二）权利转让

权利转让，是指不改变合同内容的前提下，合同债权人将其权利转让给第三人享有。可分为合同权利的部分转让和合同权利的全部转让。

《合同法》规定，债权人可以将合同的权利全部或者部分转让给第三人。但根据合同性质不得转让、按照当事人约定不得转让、依照法律规定不得转让的除外。

（三）义务转让

义务转让，是指在不改变合同内容的前提下，债务人将债务全部或者部分移转给第三人承担。《合同法》规定，债务人将合同的义务全部或者部分转移给第三人的，应当经债权人同意。

想一想：
债务人将合同的义务全部或者部分转移给第三人承担，是否通知债权人即可？

（四）整体转让

整体转让，也称"概括转让"，是指原合同当事人一方将其合同权利义务一并移转给第三人，由第三人概括地继受这些权利义务的法律现象。

《合同法》规定，当事人一方经对方同意，可以将自己在合同中的权利和义务一并转让给第三人。

第七节 合同权利义务的终止

一、合同的权利义务终止的概念

合同的权利义务终止，是指依法生效的合同，因具备法定情形和当事人约定的情形，合同债权、债务归于消灭，债权人不再享有合同权利，债务人也不必再履行合同义务，当事人双方终止合同关系，合同的效力随之消灭。

二、合同的权利义务终止的原因

（一）债务已经按约定履行

债务已经按约定履行，指债务人按照约定的标的、质量、数量、价款或者报酬、履行期限、地点和方式全面履行。

（二）合同解除

合同解除，是指合同有效成立后，当具备法律规定的解除条件时，因当事人一方或者双方的意思表示，使合同自始或者仅向将来消灭的行为。

合同解除有约定解除和法定解除两种类型。约定解除，是当事人协商同意解除合同或者当事人约定解除合同的条件，当解除合同的条件成就时，解除权人解除合同；法定解除，是一方当事人在法定解除条件出现时，行使解除权解除合同。

（三）抵销

抵销，是指当事人互负到期债务，又互享债权，以自己的债权充抵对方的债权，使自己的债务与对方的债务在等额内消灭。

当事人主张抵销的，应当通知对方。通知自到达对方时生效。

> **知识链接**
>
> 当事人互负债权债务进行抵销时，双方的债权债务均须合法，其中一个不合法的，不得主张抵销。

（四）提存

提存，是指由于债权人的原因，债务人无法向其交付合同标的物时，债务人将该标的物交给法定机关而消灭合同的制度。

《合同法》规定，有下列情形之一，难以履行债务的，债务人可以提存标的物：

1. 债权人无正当理由拒绝受领；
2. 债权人下落不明；
3. 债权人死亡未确定继承人或者丧失民事行为能力未确定监护人；
4. 法律规定的其他情形。

提存的效力表现在，自债务人提存之日起，债务人的债务归于消灭，债权人的债权得到清偿，所提存的标的物的所有权转移归债权人，因此，提存标的物的毁损、灭失的风险也转移归债权人负担。

（五）免除

免除，是指债权人全部或者部分放弃债权，从而全部或者部分终止合同关系的单方行为。

想一想:
债权人免除债务人的债务,保证人是否还应承担保证责任?债权人免除保证人的保证责任,债务人的债务是否被免除?为什么?

(六) 混同

混同,是指债权和债务同归于一人,即由于某种事实的发生,使原本由一方当事人享有的合同债权以及由另一方当事人负担的合同债务,统归于一方当事人,使得该当事人既是合同的债权人,又是合同的债务人。

如两企业之间存在债权、债务,当该两企业合并后,因债权、债务同归于一个企业而消灭。

三、合同权利义务终止的法律后果

(一) 合同失效

合同权利义务终止,则合同失效,解除了双方当事人履行和接受履行的义务,双方当事人不必继续履行合同义务。

(二) 合同项下的债权、债务关系消灭

合同权利义务终止,则合同项下的债权、债务关系消灭,包括合同项下的从权利和从义务一并消灭。如债务的担保、违约金和利息的支付等也一并消灭。

(三) 负债字据的返还

合同权利义务终止,债权人应当将负债字据返还债务人以消灭双方的债权、债务。

(四) 在合同当事人之间发生后合同义务

合同权利义务终止,当事人应当遵循诚实信用原则,根据交易习惯履行通知、协助、保密等义务。

想一想:
后合同义务与合同义务有何关系?

(五) 合同中有关解决争议的方法、结算和清理条款继续有效

《合同法》规定,合同权利义务终止,不影响合同中结算和清理条款的效力,因此,合同权利义务终止后,合同中有关解决争议的方法、结算和清理条款继续有效。

第八节 违约责任

一、违约责任的概念

(一) 违约责任的概念及其特点

1. 违约责任的概念。违约责任也称违反合同的民事责任,是指合同当事人因违反合同义务所应承担的责任。

2. 违约责任的特点:
(1) 违约责任的产生以合同当事人不履行合同义务为条件;
(2) 违约责任具有相对性;
(3) 违约责任主要具有补偿性;
(4) 违约责任可以由当事人约定;
(5) 违约责任是民事责任的一种形式。

> **知识链接**
>
> 违约责任只能发生在特定的当事人之间即合同关系的当事人之间;合同关系以外的人,不承担违约责任,合同当事人也不对其承担违约责任。

(二) 违约责任与合同义务的关系

合同义务是违约责任发生的前提,违约责任是合同义务不履行的后果,合同义务是因,违约责任是果,无合同义务不履行则无违约责任。

二、违约责任的构成

(一) 违约责任的归责原则

根据《合同法》的规定,违约责任的归责原则主要为严格责任与过错推定。严格责任是《合同法》的一般归责原则,过错推定是《合同法》的特殊的归责原则。

(二) 承担违约责任的条件

1. 存在违约行为。
2. 无法定和约定的免责事由。

(三) 免除违约责任的情形

1. 不可抗力。不可抗力是指不能预见、不能避免并不能克服的客观情况。《合同法》规定，因不可抗力不能履行合同的，根据不可抗力的影响，部分或者全部免除责任。

2. 免责条款。免责条款是指当事人在合同中约定，当出现一定的事由或者条件时，可免除违约方的违约责任。

3. 在法律有特别规定的情况下，可以免除当事人的违约责任。

想一想：
当事人迟延履行后发生不可抗力的，可否免除违约责任？

三、承担违约责任的主要形式

（一）继续履行

1. 继续履行的概念。继续履行，是指一方当事人在另一方当事人不履行合同义务或者履行合同义务不符合约定时，可请求人民法院或者仲裁机构强制不履行合同义务或者履行合同义务不符合约定的当事人实际履行合同义务，以实现合同的目的。

2. 继续履行的条件。当事人一方未支付价款或者报酬的，对方可以要求其支付价款或者报酬。当事人一方不履行非金钱债务或者履行非金钱债务不符合约定的，对方可以要求履行，但有下列情形之一的除外：

（1）法律上或者事实上不能履行；
（2）债务的标的不适于强制履行或者履行费用过高；
（3）债权人在合理期限内未要求履行。

（二）采取补救措施

采取补救措施，是指当事人履行合同义务时，履行质量不符合约定，而双方当事人对违约责任没有约定或者约定不明确的，受损害方根据标的的性质以及损失的大小，可选择要求对方承担修理、更换、重作、退货、减少价款或者报酬等补救办法。

想一想：
采取补救措施与继续履行可否并用？为什么？

（三）赔偿损失

赔偿损失，是指一方当事人不履行合同义务或者履行合同义务不符合约定，给另一方当事人造成损失的，应承担损失的赔偿责任。

想一想：
一方当事人不履行合同义务或者履行合同义务不符合约定，给对方当事人造成损失的，应当如何确定损失赔偿额？

（四）支付违约金

支付违约金，是指按照当事人的约定或者法律规定，一方当事人不履行合同义务或者履行合同义务不符合约定时，应向对方当事人支付一定数额的金钱。

《合同法》规定，当事人可以约定一方违约时应当根据违约情况向对方支付一定数额的违约金，也可以约定因违约产生的损失赔偿额的计算方法。

想一想：
支付违约金与赔偿损失能否并用？为什么？

（五）定金制裁

定金制裁，是指当事人双方约定，一方向对方给付定金作为履行合同的担保，若给付定金的一方不履行合同义务的，无权要求返还定金，收受定金的一方不履行合同义务的，应当双倍返还定金的制裁措施。

想一想：
定金制裁与支付违约的关系如何？

练习与实训

一、单项选择题

1. 合同（　　）。
   A. 除法定或约定的以外，可以采取书面、口头或其他形式
   B. 无论什么情况，一律采用书面形式
   C. 在任何情况下都可以自行采用口头形式或书面形式
   D. 除即时清结者外，应当采用书面形式

2. 根据合同法的规定，承诺应当以（　　）方式作出。
   A. 传真　　　　B. 电报　　　　C. 邮寄　　　　D. 通知

3. 合同是两个或两个以上的民事主体（　　）一致的结果。
   A. 口头协议　　B. 书面协议　　C. 意思表示　　D. 交易行为

4. 下列合同中属于单务合同的是（　　）。
   A. 甲和乙签订的汽车买卖合同　　B. 丙公司与丁公司签订的厂房建设合同
   C. 张三向李四借用笔记本电脑的合同　　D. 王某与李某的房屋租赁合同

5. 合同法适用（　　）。
   A. 监护协议　　B. 收养协议　　C. 婚姻协议　　D. 运输协议

6. 合同的主要条款是指根据特定(　　)所应具备的条款,缺少这些条款则合同不能成立。
   A. 合同标的   B. 合同内容   C. 合同性质   D. 合同形式

7. 在以招标方式订立合同时,(　　)属于承诺性质。
   A. 招标   B. 投标   C. 开标   D. 决标

8. 受要约人同意要约的意思表示是(　　)。
   A. 要约邀请   B. 承诺   C. 反要约   D. 要约

9. 某公司在广告中称:"我公司现有某品牌某尺寸某型号的电视机 20 台,优惠价为 3 888 元,数量有限,欲购从速。"该商业广告应视为(　　)。
   A. 要约邀请   B. 要约   C. 反要约   D. 承诺

10. 下列不属于《合同法》规定的提示性条款的合同条款是(　　)。
    A. 标的   B. 解决争议的方法   C. 履行地点和方式   D. 免责条款

11. 合同的形式是当事人合意的表现形式,也是合同(　　)的外部表现和载体。
    A. 形式   B. 内容   C. 方式和内容   D. 性质

12. 合同的约束力主要体现在对(　　)的约束力。
    A. 国家   B. 第三人   C. 当事人   D. 当事人和第三人

13. 某美术画刊上刊登了一幅中国山水画,作者为 7 岁学生黄某,对于稿酬,下列说法正确的是(　　)。
    A. 他不能获得稿酬
    B. 他可以获得稿酬
    C. 他不能获得稿酬,但可以由他的父母获得
    D. 经过他父母的同意,他才可以获得稿酬

14. 甲乙在房屋租赁合同中约定"本合同自某年某月某日生效。"则该合同为(　　)的合同。
    A. 附生效条件   B. 附生效期限   C. 附终止期限   D. 附履行期限

15. 甲厂因工艺设计问题生产出一批不保温的热水瓶,为使产品销售掉,该厂派人买了 20 个与此产品花样相同的热水瓶作为样品,使乙百货公司与之订货,该合同属于(　　)。
    A. 违反国家法律的合同
    B. 采取胁迫手段签订的合同
    C. 采取欺诈手段订立的合同
    D. 超越经营范围订立的合同

16. 无效合同和可撤销合同(　　)没有法律约束力。
    A. 自当事人请求开始   B. 自被确认无效或被撤销开始
    C. 自始   D. 自法院受理开始

17. 下列不属于无权代理的是(　　)。
    A. 授权行为无效的代理   B. 代理权消灭后的代理
    C. 超越代理权范围进行的代理   D. 复代理

18. 无效合同是指(　　)。
    A. 尚未生效的合同
    B. 将要失去法律效力的合同
    C. 始终没有法律效力的合同
    D. 被法院或仲裁机构确认无效时起不生效力的合同

19. 甲某(16 岁)与乙某(25 岁)签订了一份旧手机合同,由甲某以 1 000 元向乙某购

买一部旧手机。对该合同的分析，正确的是( )。
 A. 该合同为可撤销合同　　　　　B. 该合同为效力待定合同
 C. 乙某无权要求撤销该合同　　　D. 乙某可要求撤销该合同

20. 双方就履行地点约定不明且未达成补充协议的，( )。
 A. 给付货币的，在接受货币一方所在地履行
 B. 给付货币的，在给付方所在地履行
 C. 交付不动产的，在合同签订地履行
 D. 交付动产的，在接受履行的一方所在地履行

21. 行为人没有代理权、超越代理权或者代理权终止后以被代理人名义订立的合同，未经被代理人追认，对被代理人不发生效力，由( )承担责任。
 A. 行为人　　　　　　　　　　　B. 被代理人
 C. 行为人与被代理人共同　　　　D. 第三人

22. 合同关系正常消灭的原因是( )。
 A. 合同不成立　B. 合同履行　　C. 合同无效　　D. 合同解除

23. 要想使债权人的合同债权得到完全实现，债务人履行债务必须( )。
 A. 全面地履行　　　　　　　　　B. 适当地履行
 C. 全面地、适当地履行　　　　　D. 全部地、彻底地履行

24. 买卖合同中未对履行期限作出规定，则履行期限( )。
 A. 不存在，当事人可以在任何时间履行
 B. 当事人必须即时履行，无须考虑其准备时间
 C. 债务人可以随时履行，债权人也可以随时要求履行，但应当给对方必要的准备时间
 D. 当事人应在合理期限内履行

25. 同时履行抗辩权存在的基础是( )。
 A. 双务合同的牵连性　　　　　　B. 单务合同
 C. 诚实信用原则　　　　　　　　D. 经济合理原则

二、多项选择题

1. 合同是平等主体的自然人、法人及其他组织( )民事权利义务关系的协议。
 A. 转移　　　　B. 设立　　　　C. 变更　　　　D. 终止

2. 下列合同属于双务合同的有( )。
 A. 买卖合同　　B. 借用合同　　C. 赠与合同　　D. 租赁合同

3. 下列属于有偿合同的有( )。
 A. 小张在玲玲生日时送给她一台电脑　　B. 乘客乘坐出租汽车
 C. 清洁公司为某大厦提供清洁服务　　　D. 超市为顾客存包

4. 根据合同法的规定，下列协议不适用《合同法》的有( )。
 A. 离婚协议　　B. 收养协议　　C. 监护协议　　D. 技术转让协议

5. 下列属于要约邀请的有( )。
 A. 某公司的投标　　　　　　　　B. 某超市寄送的价目表

C. 某上市公司的招股说明 D. 拍卖公司的拍卖公告

6. 缔约过失责任的主要类型有(　　)。
   A. 假借订立合同，恶意进行磋商
   B. 泄露或者不正当地使用商业秘密
   C. 故意隐瞒与订立合同有关的重要事实或提供虚假情况
   D. 其他有关违背诚实信用原则的行为

7. 合同的随付义务主要有(　　)。
   A. 履行义务　　B. 保管义务　　C. 保密义务　　D. 协助义务

8. 下列情形中属于债权人不得将合同权利转让给第三人的情形有(　　)。
   A. 根据合同性质不得转让　　B. 按照当事人约定不得转让
   C. 根据合同形式不得转让　　D. 依照法律规定不得转让

9. 合同的生效要件包括(　　)。
   A. 行为人具有完全的民事行为能力　　B. 合同必须具备法律所要求的形式
   C. 行为人意思表示真实　　D. 合同内容不违反法律或者社会公共利益

10. 下列合同中可以因权利人承认而生效的合同有(　　)。
    A. 无缔约能力人与他人订立的合同　　B. 无权代理人与他人订立的合同
    C. 无处分权人与他人订立的合同　　D. 可撤销或者可变更的合同

11. 无效合同的确认权，归(　　)。
    A. 工商行政管理机关　　B. 仲裁机构
    C. 人民法院　　D. 公证及鉴证机关

12. 对无效合同财产后果的处理办法可以有(　　)。
    A. 返还财产　　B. 支付违约金
    C. 赔偿损失　　D. 追缴财产收归国库

13. 允许合同变更或撤销的情况有(　　)。
    A. 一方乘人之危，使对方在违背真实意思的情况下订立的
    B. 合同承办人或法定代表人变动
    C. 因重大误解订立的
    D. 显失公平的

14. 依法成立的合同，对当事人具有法律约束力，当事人应按照约定履行自己的义务，不得擅自(　　)。
    A. 变更　　B. 终止　　C. 解除　　D. 停止

15. 甲乙公司依法签订了一份买卖合同，该合同执行国家定价。在甲公司逾期提取货物或者逾期付款的情况下，该产品的价格(　　)。
    A. 遇有价格上涨时，按原价格执行　　B. 遇有价格上涨时，按新价格执行
    C. 遇有价格下降时，按新价格执行　　D. 遇有价格下降时，按原价格执行

16. 合同保全的基本方法是确认债权人享有(　　)。
    A. 代位权　　B. 撤销权　　C. 变更权　　D. 解除权

17. 债权人不可以代位行使债务人的(　　)。
    A. 遗产继承权　　B. 抚养请求权　　C. 财产请求权　　D. 劳动收入请求权

18. 违反合同的责任形式有（　　　　）。
   A. 罚款　　　　　B. 支付违约金　　　　C. 实际履行　　　　D. 赔偿损失
19. 非违约方针对违约方的不适当履行，可以要求其（　　　　）。
   A. 修理　　　　　B. 重做　　　　　　　C. 更换　　　　　　D. 退货
20. 当事人一方不履行合同义务或者履行合同义务不符合约定的，应当承担的违约责任有（　　　　）。
   A. 继续履行　　　B. 恢复原状　　　　　C. 赔偿损失　　　　D. 采取补救措施

三、判断题

1. 我国《合同法》调整一切平等主体之间的合同关系。（　　）
2. 受约人对要约的内容作出实质性变更的，要约失效。（　　）
3. 限制行为能力人订立的合同，未经法定代理人追认的，一概无效。（　　）
4. 行为人没有代理权，或代理权终止后以被代理人的名义订立的合同，相对人有理由相信代理人有代理权的，该代理行为有效。（　　）
5. 造成对方人身伤害的合同免责条款一律无效。（　　）
6. 具有撤销权的当事人自知道或者应当知道撤销事由之日起2年内没有行使撤销权的，撤销权消灭。（　　）
7. 合同无效、被撤销或者终止的，合同中解决争议方法的条款也无效。（　　）
8. 合同的价款条款不明确的，按照订立合同时订立地的市场价格履行。（　　）
9. 执行政府指导价的合同，在约定的交付期限内政府价格调整时，按照交付时的价格计价。（　　）
10. 应当先履行债务的当事人，有确切证据证明对方经营状况严重恶化的，可以中止履行合同。（　　）
11. 债权人不能拒绝债务人提前履行合同。（　　）
12. 因债务人怠于行使其到期债权，对债权人造成损害的，债权人可以请求代为行使债权。（　　）
13. 当事人对合同变更的内容约定不明确的，推定为未变更。（　　）
14. 债务人转让合同义务的，应当经债权人同意；债权人转让权利的，应当经债务人同意。（　　）
15. 合同解除后，已经履行的，当事人可以要求恢复原状、采取其他补救措施，并有权要求赔偿损失。（　　）

四、案例分析题

案例一

某中职学校因建造实训大楼急需水泥，遂分别向甲水泥厂、乙水泥厂、丙水泥厂发出函电。函电中称："我校因实训大楼建设，急需标号为425#的水泥1 000吨，如贵厂有货，请速来函电，我校愿派人前往购买。"甲、乙、丙三家水泥厂在收到函电后，都先后向该校回复了函电，在函电中告知备有现货，注明了水泥价格，而丙水泥厂在发出函电的同时，派车给该校送去了500吨水泥。在该批水泥送达之前，该校得知甲水泥厂所产的水泥质量较好，且价格合理，于是向甲水泥厂发去函电："我校愿购买贵厂1 000吨标号为425#的水泥，盼速发货，运费由我校负担。"在发出函电后的第二天上午，甲水泥厂发函称已准备发货；下午，丙水泥厂将500吨水泥送到。该校告知丙水泥厂他们已决定购买甲水泥厂的水泥，因此不能接收丙水泥厂送来的水泥。丙水泥厂认为该校拒收水泥构成违约，双方协商不成，丙水泥厂遂向法院起诉。

根据以上案情，请回答：
(1) 该中职学校向三家水泥厂分别发函的行为，在合同法上属于什么行为？
(2) 三家水泥厂回函的行为是什么行为？
(3) 该中职学校第二次向甲水泥厂发函的行为是什么行为？该校与甲水泥厂之间的买卖合同是否成立？
(4) 丙水泥厂与该校之间的买卖合同是否成立？

案例二

2016年3月，某路桥建设公司与某镇人民政府协商，由路桥建设公司垫资承建该镇政府辖区内省道道路共35公里的建设，质量要求及工程价款均执行国家标准。2016年12月15日，路桥建设公司完成全部施工并经该镇政府邀请有关部门对工程进行竣工验收，经验收合格后，镇政府于2017年1月1日举行通车典礼。当路桥建设公司向镇政府催讨工程款时，镇政府以双方未订立书面合同不符合法律规定、工程价款没有明确，因而双方之间的合同无效为由，拒不付款。路桥建设公司向法院起诉，请求法院判决该镇政府支付工程款及利息。

根据以上案情，请回答：
(1) 路桥公司与镇政府之间的公路建设合同是否有效？
(2) 镇政府应否承担支付公路工程款的义务？
(3) 本案工程款如何确定？

案例三

甲公司因转产致使一台价值1 000万元的精密机床闲置。该公司董事长王某代表公司与乙公司签订了一份机床转让合同。合同约定：精密机床作价950万元，甲公司于10月31日前交货，乙公司在交货后10天内付清货款。在交货日前，甲公司发现乙公司经营状况恶化，通知乙公司提供担保，乙公司予以拒绝。又过了1个月，甲公司发现乙公司的经营状况进一步恶化，于是，提出解除合同。乙公司不同意并向法院起诉。

根据以上案情，请回答：
(1) 甲公司中止履行的理由能否成立？为什么？
(2) 甲公司能否解除合同？为什么？

案例四

原甲公司业务员张某在火车上遇到与甲公司有长期业务关系的乙公司经理陈某。闲聊中张某得知乙公司正准备进行技术改造，需购置一台精密仪表。张某表示甲公司有这方面的业务关系，可以代为采购。双方达成协议，乙公司按规定时间向甲公司寄去预付款10万元人民币。但到合同约定的交货日期，甲公司却以张某在与乙公司签订合同时已是下岗人员，没有该公司业务代理权为由，拒绝履行合同；乙公司认为甲公司并没有把解除张某业务代理权的情况通知自己，且张某仍持有盖有甲公司合同专用章的空白合同书，自己没有过错。双方为此发生纠纷。经协商，甲公司同意在15日内履行合同，乙公司同意追加1%的货款。但15日后，甲公司仍未能购到乙公司需要的仪表。乙公司催告甲公司因时间紧迫，只能给10日的宽限期，届时仍不履行合同，将解除合同并追究责任。但10日宽限期过后，甲公司仍未购到乙公司急需精密仪表。乙公司为此损失15万元人民币，于是乙公司提出解除该合同，要求甲公司退还预付款，并赔偿损失。

根据以上案情，请回答：
(1) 张某代表甲公司与乙公司签订的合同是否有效？
(2) 甲公司与乙公司达成的协议是否有效？
(3) 乙公司是否有权单方解除合同？可以请求甲公司承担哪些法律责任？

案例五

某年2月18日，某集团股份有限公司（甲）与某外贸公司（乙）签订了买卖橄榄油的合同，约定由乙卖给甲龙王牌橄榄油1.5万吨，总价款13 000万元；甲应于合同签订后5个工作日内支付给乙定金1 950万元，违约金为货款的4%，收货后即付清全部货款。交货时间为当年3月10日以前；合同有效期自合同签订日2月18日至同年6月。合同还对质量及技术标准、包装等作了约定。同年2月22日，甲付给乙定金1 950万元。合同订立后，甲与某食品公司订立了由甲供应龙王牌橄榄油1.5万吨、总价款13 650万元的合同，交货期为同年3月15日。同年3月20日，乙因无货可供，向甲提出终止合同履行，退回全部定金。甲同意退回全部定金，但不同意终止合同。同年3月25日，乙退还甲定金1 950万元及其利息67万元，甲因乙不能交货而不能履行与某食品公司的买卖合同，造成可得利润损失650万元。甲遂向法院起诉，请求判决乙双倍返还定金，并赔偿经济损失650万元。

根据以上案情，请回答：
(1) 甲"双倍返还定金"的请求，法院是否予以支持？
(2) 乙是否承担赔偿责任？应如何赔偿？

案例六

8月份，甲有限责任公司（下称"甲公司"）发生了下列行为：
(1) 8月7日，甲公司向乙公司购买一批货物，双方在买卖合同中约定：货物总价款120万元；甲公司在合同签订后5日内支付定金20万元作为履行合同的担保；乙公司于合同签订后2个月内交付全部货物；甲公司于乙公司交付货物后20日内支付全部货款。8月11日，甲公司支付给乙公司15万元定金，乙公司接受并未提出异议。
(2) 8月16日，甲公司与丙公司签订的房屋租赁合同到期，但丙公司尚欠甲公司租金38万元。8月31日，因欠丁公司的50万元债务到期，甲公司将其对丙公司的38万元的债权转让给丁公司，但未通知丙公司。

根据以上案情，请回答：
(1) 甲公司支付的定金数额与约定的定金数额不符，有效定金数额应为多少？为什么？
(2) 甲公司转让债权的行为对丙公司是否生效？为什么？

第六章
工业产权法

学习目标：
- ☐ 了解商标的概念、分类和注册程序；了解专利的概念和申请程序
- ☐ 掌握商标权和专利权的主体、客体和内容；掌握商标注册的原则和条件；掌握专利申请的原则和专利权的授予条件
- ☐ 能够运用所学的商标法和专利法知识，分析、解决实践中有关商标权和专利权的法律问题

【案例导入】

"西凤酒"是陕西某酒业公司的注册商标。2008年1月，广东某酒厂生产的酒取名"两凤酒"投入市场。

请问：（1）广东某酒厂在酒商品上使用"两凤酒"是否侵犯陕西某酒业公司的"西凤酒"注册商标专用权？（2）假设某市服装厂生产的服装使用"西凤"的牌子，是否构成侵权？假设"西凤"商标是中国驰名商标，某市服装厂在服装上使用"西凤"牌子，是否构成侵权？

知识链接

根据《保护工业产权巴黎公约》的规定，工业产权包括发明、实用新型、外观设计、商标、服务标记、厂商名称、货源标记、原产地名称以及制止不正当竞争的权利。但是，不同的国家从各自国家的具体国情出发，又有不同的保护范围或对象。我国所称的工业产权，主要是指专利权和商标权。

第一节 商 标 法

商标法是调整在商标注册、使用、管理和保护商标专用权过程中所发生的社会关系的法

律规范的总称。

> **知识链接**
>
> 1982年8月23日，第五届全国人民代表大会常务委员会第二十四次会议通过了《中华人民共和国商标法》，自1983年3月1日起施行。1993年2月22日、2001年10月27日和2013年8月30日先后三次对《商标法》进行了修正。2002年8月3日，国务院公布了《中华人民共和国商标法实施条例》，自2002年9月15日起施行。2014年4月29日，国务院对《商标法实施条例》进行修订，自2014年5月1日起施行。

一、商标的概念和分类

（一）商标的概念

1. 商标的概念。商标是商品和商业服务的标记，是商品生产者或经营者为使自己生产、销售的商品或者提供的服务与其他商品生产者或经营者生产、销售的商品或者提供的服务相区别而使用文字、图形或其组合的特定标记。商标具有标志商品的来源和识别的功能。

2. 商标的特征。商标一般置于商品表面或商品包装和服务场所及服务说明书上。商标对商品生产者来说，具有排他性、标记性、地域性和竞争性的特性。商标是一种无形资产，对企业的生产经营具有重要的意义，所以说商标还具有财产属性。商标的经济价值取决于它所标志的商品的性能、销量、质量和经营中赢得的信誉等。

想一想：

查阅最新资料回答：中国最有价值品牌前十名是哪些？品牌价值分别是多少？

（二）商标的分类

1. 按商标的保护客体分类可分为商品商标和服务商标。（1）商品商标是指商品的生产者或经营者为了将自己生产或经营的商品与他人生产或经营的商品区别开来而使用的文字、图形或其组合标志。如：红塔山、长虹、NOKIA等。（2）服务商标是指提供服务的经营者为了将自己提供的服务与他人提供的服务区别开来，而使用的文字、图形或其组合标志。如："建设银行"及其图形、中国民航的"CAAC"等。

2. 按商标构成分类可分为文字商标、图形商标和组合商标。（1）文字商标是指以各种语言文字、拼音字母、数字组成的商标。单纯用数字组成的商标不易被核准注册，除非是驰名商标。（2）图形商标是指纯粹使用图形或记号构成的商标。一般来说，以一个极其简单的几何图形所构成图形商标的主体，将极易被认为是缺乏显著性的，不能作为商标。（3）组合商标是指用文字、图形、字母、数字、三维标志、颜色组合和声音中任何两种以上要素组合而成的商标。

提示：一条直线、一条曲线、规则的三角形等所构成图形商标的主体，是缺乏显著性的，不能作为商标。

二、商标权法律关系

商标权是商标所有人对法律确认并给予保护的商标所享有的权利。只有经过商标局核准注册的商标才享有商标专用权。商标权法律关系由商标权主体、客体和内容构成。

（一）商标权的主体

商标权的主体是指有权申请商标注册并依法取得商标所有权的自然人、法人或其他组织。

《商标法》第四条规定，自然人、法人或者其他组织在生产经营活动中对其商品或者服务，需要取得商标专用权的，应当向商标局申请商标注册。

另外，外国人或者外国企业在中国申请商标注册的，应当委托国家认可的具有商标代理资格的组织代理，并按其所属国和我国签订的协议或者共同参加的国际条约办理，或者按对等原则办理。

（二）商标权的客体

商标权的客体是指经过国家商标局核准注册的商标，即注册商标。

（三）商标权的内容

商标权的内容即商标法律关系的权利和义务。

1. 商标权人的主要权利。

（1）商标专用权。商标权人享有商标专用权，可以将其注册商标在核准的商品上使用，并因此获得合法利益。其他人未经商标权人许可，不得使用其注册商标。

（2）转让权。商标权人有权将其注册商标转让给其他单位或个人。商标转让是商标所有权的转移。转让注册商标的，转让人和受让人应当共同向商标局提出申请。受让人应当保证使用该注册商标的商品质量。转让注册商标经核准后，予以公告。

（3）许可权。商标权人可以通过签订商标使用许可合同，许可他人使用其注册商标。许可人应当监督被许可人使用其注册商标的商品质量；被许可人应当保证使用该注册商标的商品质量。经许可使用他人注册商标的，必须在使用该注册商标的商品上标明被许可人的名称和商品产地。商标使用许可合同应当报商标局备案。

（4）禁用权。商标权人有禁止他人未经许可而使用其注册商标或使用与之相混淆的商标的权利。他人未经许可不得在同一种商品或类似商品上使用该注册商标或相近似的商标，否则，构成侵权。商标权人对他人的侵权行为有请求行政处理或提起诉讼的权利。

（5）收益权。商标权人有通过使用、许可使用、转让等方式行使其商标权而获得经济利益的权利。

2. 商标权人的主要义务。

（1）使用注册商标的义务。商标注册后必须使用，即将注册商标用于商品、商品的包装或容器以及商品交易文书上，或将商标用于广告宣传、展览及其他业务活动。使用注册商标应当标明"注册商标"或者注册标记。注册商标成为其核定使用的商品的通用名称或者没有正当理由连续三年不使用的，任何单位或者个人可以向商标局申请撤销该注册商标。商标局应当自收到申请之日起九个月内做出决定。有特殊情况需要延长的，经国务院工商行政管理部门批准，可以延长三个月。

（2）确保商品质量的义务。商标注册人、受让人、被许可使用人应当保证注册商标的商品质量，不得粗制滥造，以次充好，欺骗消费者。商标使用许可人对被许可人使用其注册商标的商品质量负有监督义务。

（3）缴纳规费的义务。商标权人按规定在申请商标注册和办理其他商标事宜时缴纳费用，否则，商标局不予注册。

（4）其他义务。商标权人负有遵守商标管理规定的义务，如：不得自行改变注册商标、注册事项；不得自行转让注册商标的义务。

三、商标注册

（一）商标注册的概念

> **名词释义**
>
> **商标注册**：是指商标使用人将其使用的商标按照法律规定的条件和程序，向商标管理机关提出注册申请，以取得商标专用权的行为。

根据《商标法》的规定，经商标局核准注册的商标为注册商标，包括商品商标、服务商标、集体商标和证明商标，商标注册人享有商标专用权，受法律保护。

集体商标，是指以团体、协会或其他组织名义注册，供该组织成员在商事活动中使用，以表明使用者在该组织中的成员资格的标志。

证明商标，是指由对某种商品或者服务具有监督能力的组织所控制，而由该组织以外的单位或者个人使用于其商品或者服务，用以该商品或者服务的原产地、原料、制造方法、质量或其他特别品质的标志。

（二）商标注册的原则

1. "一类商品、一件商标、一份申请"的原则。我国《商标法》规定，自然人、法人或者其他组织对其生产、制造、加工、拣选或者经销的商品，需要取得商标专用权的，应当向商标局申请商品商标注册。申请人申请商标注册的，应根据国家工商局颁布的《商品和服务分类表》填报使用商标的商品类别和商品名称。同一申请人在不同类别的商品上使用同一商标的，应当按照商品分类表提出注册申请。注册商标需要在同一类的其他商品上使用的，应当另外提出申请。

2. 自愿注册为主的原则。我国对大部分商品和服务项目的商标采取自愿注册的原则，由商标使用人自主决定是否注册。但国家规定必须使用注册商标的商品，必须申请商标注册，未经核准注册的，不得在市场销售。

> **知识链接**
>
> 《中华人民共和国烟草专卖法》第二十条规定："卷烟、雪茄烟和有包装的烟丝必须申请商标注册，未经核准注册的，不得生产、销售。"

3. 先申请原则。两个或者两个以上的商标注册申请人，在同一种商品或者类似商品上，以相同或者近似的商标申请注册的，商标局对申请在先者予以核准和注册，并驳回其他人的申请；同一天申请的，商标局对使用在先者予以审核和注册，驳回其他人的申请。

4. 优先权原则。我国《商标法》规定，商标注册申请人自其商标在外国第一次提出商标注册申请之日起 6 个月内，又在中国就相同商品以同一商标提出商标注册申请的，依照该外国同中国签订的协议或者共同参加的国际条约，或者按照相互承认优先权的原则，可以享有优先权。同时规定，在提出商标注册申请的时候提出书面声明，并且在 3 个月内提交第一次提出的商标注册申请文件的副本；未提出书面声明或者逾期未提交商标注册申请文件副本的，视为未要求优先权。我国《商标法》还规定，商标在中国政府主办的或者承认的国际展览会展出的商品上首次使用的，自该商品展出之日起 6 个月内，该商标的注册申请人可以享有优先权。同时规定，在提出商标注册申请的时候提出书面声明，并且在 3 个月内提交展出其商品的展览会名称、在展出商品上使用该商标的证据、展出日期等证明文件；未提出书面声明或者逾期未提交证明文件的，视为未要求优先权。

（三）商标注册的条件

1. 商标注册申请人应具备的条件。《商标法》第四条规定："自然人、法人或者其他组织在生产经营活动中，对其商品或者服务需要取得商标专用权的，应当向商标局申请商标注册。"可见，自然人、法人或者其他组织均有权依法对其商品或服务申请商标注册。

2. 申请注册的商标应具备的条件。

（1）申请注册的商标构成要素应当合法。《商标法》第八条规定："任何能够将自然人、法人或者其他组织的商品与他人的商品区别开的标志，包括文字、图形、字母、数字、三维标志、颜色组合和声音等，以及上述要素的组合，均可以作为商标申请注册。"根据该规定，可以申请注册的商标的要素，主要有文字、图形、字母、数字、三维标志、颜色组合、声音以及上述要素的组合共八种。

（2）申请注册的商标必须具有显著特征，便于识别，并不得与他人在先取得的合法权利相冲突。所谓显著特征，是指足以使相关公众区分商品或者服务来源的特征。商标具有显著特征，就意味着该商标不能与他人的商标相同，也不能与他人的商标近似。要求申请注册的商标具有显著特征，目的是方便相关公众识别商品或者服务的来源，并在此基础上做出是否购买该商品、消费该服务的决定。

在自然人、法人或者其他组织申请商标注册以前，其他人可能已经依法取得了相关权利。此时自然人、法人或者其他组织申请注册商标，就存在与他人之前获得的权利相冲突的可能。为了防止权利冲突情况的发生，避免在商标注册中产生侵权行为，保护先于商标专用权的已取得的合法权利，申请注册的商标，不得与他人在先取得的合法权利相冲突。例如，一个人取得了外观设计的专利权以后，其他人就不得以这种已取得专利权的外观设计来作为商标申请注册。

3. 禁止作为商标使用的标志。根据《商标法》第十条规定，下列标志不得作为商标使用：

（1）同中华人民共和国的国家名称、国旗、国徽、国歌、军旗、军徽、军歌、勋章等相同或者近似的，以及同中央国家机关的名称、标志、所在地特定地点的名称或者标志性建筑物的名称、图形相同的；

（2）同外国的国家名称、国旗、国徽、军旗等相同或者近似的，但经该国政府同意的除外；

(3) 同政府间国际组织的名称、旗帜、徽记等相同或者近似的,但经该组织同意或者不易误导公众的除外;

(4) 与表明实施控制、予以保证的官方标志、检验印记相同或者近似的,但经授权的除外;

(5) 同"红十字"、"红新月"的名称、标志相同或者近似的;

(6) 带有民族歧视性的;

(7) 带有欺骗性,容易使公众对商品的质量等特点或者产地产生误认的;

(8) 有害于社会主义道德风尚或者有其他不良影响的;

(9) 县级以上行政区划的地名或者公众知晓的外国地名,不得作为商标。但是,地名具有其他含义或者作为集体商标、证明商标组成部分的除外;已经注册的使用地名的商标继续有效。

4. 禁止作为商标注册的标志。根据《商标法》第十一条规定,下列标志不得作为商标注册:

(1) 仅有本商品的通用名称、图形、型号的;

(2) 仅直接表示商品的质量、主要原料、功能、用途、重量、数量及其他特点的;

(3) 其他缺乏显著特征的。

上述所列标志经过使用取得显著特征,并便于识别的,可以作为商标注册。

想一想:

2015年10月,商标局收到以下三份商标注册申请:(1) A市锁厂生产的保险箱,以"坚固牌"商标向商标局申请注册;(2) B市红光家具厂生产"红松牌"木制家具,向商标局申请注册;(3) C市东风化工厂生产"中华牌"肥皂系列,向商标局申请注册。对它们的注册申请,你认为商标局会核准吗?为什么?

(四) 商标注册的申请

申请商标注册的,应当按规定的商品分类表填报使用商标的商品类别和商品名称。

商标注册申请人可以通过一份申请就多个类别的商品申请注册同一商标。

商标注册申请等有关文件,可以书面方式或者数据电文方式提出。

(五) 商标注册的程序

商标注册的程序包括以下几个程序:

1. 初步审定,予以公告。商标局对受理的商标注册申请,依照《商标法》及《商标法实施条例》有关规定进行审查,在收到商标注册申请文件之日起九个月内审查完毕,对符合规定的由商标局初步审定,予以公告。

2. 驳回。我国《商标法》规定,申请注册的商标,凡不符合《商标法》有关规定或者同他人在同一种商品或者类似商品上已经注册的或者初步审定的商标相同或者近似的,由商标局驳回申请,不予公告。

3. 异议。对初步审定公告的商标,自公告之日起3个月内,在先权利人、利害关系人及除此以外的任何人均可以依法提出异议。对初步审定公告的商标提出异议的,商标局应当听取异议人和被异议人陈述事实和理由,经调查核实后,自公告期满之日起十二个月内做出是否准予注册的决定,并书面通知异议人和被异议人。根据我国《商标法》的规定,申请商标注册不得损害他人现有的在先权利,也不得以不正当手段抢先注册他人已经使用并有一定影响的商标。

想一想:

2015年6月,湖南省A县水泥厂申请注册商标"R99"水泥商标。在异议期内,河南省B县水泥厂提出异议认为:"R99"商标与自己已经注册的"999"水泥商标相近似,若在同一种商品上使用易引起混淆,同时也损害了自己的合法权利,要求商标局驳回湖南A县水泥厂的申请,不予注册。你认为河南B县水泥厂提出的异议理由是否成立?为什么?

4. 复审。对驳回申请、不予公告的商标,商标局应当书面通知商标注册申请人。商标注册申请人不服的,可以自收到通知之日起15日内向商标评审委员会申请复审。商标评审委员会应当自收到申请之日起九个月内作出决定,并书面通知申请人。当事人对商标评审委员会的决定不服的,可以自收到通知之日起30日内向人民法院起诉。

5. 商标注册的核准。对初步审定公告的商标,公告期满无异议或虽有异议但被驳回申请的,予以核准注册,发给商标注册证,并予公告。

(六)注册商标的期限及续展

1. 注册商标的期限,是注册商标具有法律效力的持续期间。注册商标专用权具有时间性,根据我国《商标法》的规定,注册商标的有效期为10年,从核准注册之日起计算。

2. 注册商标的续展,是指在注册商标有效期满时,需要继续使用该注册商标的,经过一定的法定手续延长商标专用权的有效期。我国《商标法》规定,注册商标有效期满需要继续使用的,商标注册人应当在期满前十二个月内按照规定办理续展手续。在此期间未能办理的,可以给予一定的宽限期,其宽限期为6个月。每次续展注册的有效期为10年,自该商标上一届有效期满次日起计算。期满未办理续展手续的,注销其注册商标。

四、注册商标专用权的保护

(一)注册商标专用权的概念

注册商标专用权,是指注册商标的所有人对其所有的注册商标享有独占的使用权,未经其许可,任何人都不准在同一种商品或类似商品上使用与其注册商标相同或者近似的商标。

> **知识链接**
>
> 《中华人民共和国商标法实施条例》规定,使用注册商标,可以在商品、商品包装、说明书或者其他附着物上标明"注册商标"或者注册标记。注册标记包括(○里加注)和(○里加R)。使用注册标记,应当标注在商标的右上角或者右下角。

（二）商标侵权行为

商标侵权行为，是指侵害他人注册商标专用权的行为。凡具有我国《商标法》所规定的下列行为之一的，均属商标侵权行为：

1. 未经商标注册人的许可，在同一种商品上使用与其注册商标相同的商标的；
2. 未经商标注册人的许可，在同一种商品上使用与其注册商标近似的商标，或者在类似商品上使用与其注册商标相同或者近似的商标，容易导致混淆的；
3. 销售侵犯注册商标专用权的商品的；
4. 伪造、擅自制造他人注册商标标识或者销售伪造、擅自制造的注册商标标识的；
5. 未经商标注册人同意，更换其注册商标并将该更换商标的商品又投入市场的；
6. 故意为侵犯他人商标专用权行为提供便利条件，帮助他人实施侵犯商标专用权行为的；
7. 给他人的注册商标专用权造成其他损害的。

（三）对注册商标侵权的法律制裁

有上述所列侵犯注册商标专用权行为之一，引起纠纷的，由当事人协商解决。不愿协商或者协商不成的，商标注册人或者利害关系人可以向人民法院起诉，也可以请求工商行政管理部门处理。

1. 县级以上工商行政管理部门根据已经取得的违法嫌疑证据或者举报，对涉嫌侵犯他人注册商标专用权的行为进行查处时，可以行使以下职权：（1）询问有关当事人，调查与侵犯他人注册商标专用权有关的情况；（2）查阅、复制当事人与侵权活动有关的合同、发票、账簿及其他有关资料；（3）对当事人涉嫌从事侵犯他人注册商标专用权活动的场所实施现场检查；（4）检查与侵权活动有关的物品，对有证据证明是侵犯他人注册商标专用权的物品，可以查封或者扣押。

工商行政管理部门依法行使上述规定的职权时，当事人应当予以协助、配合，不得拒绝、阻挠。

2. 侵犯商标专用权的赔偿数额，按照权利人因被侵权所受到的实际损失确定；实际损失难以确定的，可以按照侵权人因侵权所获得的利益确定；权利人的损失或者侵权人获得的利益难以确定的，参照该商标许可使用费的倍数合理确定。对恶意侵犯商标专用权，情节严重的，可以在按照上述方法确定数额的1倍以上3倍以下确定赔偿数额。赔偿数额应当包括权利人为制止侵权行为所支付的合理开支。

人民法院为确定赔偿数额，在权利人已经尽力举证，而与侵权行为相关的账簿、资料主要由侵权人掌握的情况下，可以责令侵权人提供与侵权行为相关的账簿、资料；侵权人不提供或者提供虚假的账簿、资料的，人民法院可以参考权利人的主张和提供的证据判定赔偿数额。

权利人因被侵权所受到的实际损失、侵权人因侵权所获得的利益、注册商标许可使用费难以确定的，由人民法院根据侵权行为的情节判决给予300万元以下的赔偿。

3. 未经商标注册人许可，在同一种商品上使用与其注册商标相同的商标，构成犯罪的，除赔偿被侵权人的损失外，依法追究刑事责任。伪造、擅自制造他人注册商标标识或者销售伪造、擅自制造的注册商标标识，构成犯罪的，除赔偿被侵权人的损失外，依法追究刑事责任。销售明知是假冒注册商标的商品，构成犯罪的，除赔偿被侵权人的损失外，依法追究刑事责任。

4. 商标代理机构有下列行为之一的，由工商行政管理部门责令限期改正，给予警告，处 1 万元以上 10 万元以下的罚款；对直接负责的主管人员和其他直接责任人员给予警告，处 5 000 元以上 5 万元以下的罚款；构成犯罪的，依法追究刑事责任：

（1）办理商标事宜过程中，伪造、变造或者使用伪造、变造的法律文件、印章、签名的；

（2）以诋毁其他商标代理机构等手段招徕商标代理业务或者以其他不正当手段扰乱商标代理市场秩序的；

（3）违反《商标法》第十九条第三款、第四款规定的。

商标代理机构有前款规定行为的，由工商行政管理部门记入信用档案；情节严重的，商标局、商标评审委员会可以决定停止受理其办理商标代理业务，予以公告。

商标代理机构违反诚实信用原则，侵害委托人合法利益的，应当依法承担民事责任，并由商标代理行业组织按照章程规定予以惩戒。

5. 从事商标注册、管理和复审工作的国家机关工作人员必须秉公执法、廉洁自律、忠于职守、文明服务。商标局、商标评审委员及从事商标注册、管理和复审工作的国家机关工作人员不得从事商标代理业务和商品生产经营活动，如玩忽职守、滥用职权、徇私舞弊，违法办理商标注册、管理和复审事项，收受当事人财物，牟取不正当利益，构成犯罪的，依法追究刑事责任；尚不构成犯罪的，依法给予行政处分。

第二节 专 利 法

一、专利和专利法的概念

（一）专利的概念

专利是专利权的简称，是指专利权人在法律规定的期限内对其发明创造享有的专有权。

（二）专利法的概念

专利法是调整在确认和保护发明创造的专有权以及在利用专有的发明创造的过程中所产生的社会关系的法律规范的总称。

《中华人民共和国专利法》于 1984 年 3 月 12 日经第六届全国人民代表大会常务委员会第四次会议通过，自 1985 年 4 月 1 日起实施。该法于 1992 年 9 月 4 日、2000 年 8 月 25 日、2008 年 12 月 27 日进行了三次修正，并于 1985 年 1 月 19 日、1992 年 12 月 21 日、2001 年 7 月 1 日经国务院批准中国专利局发布了新的《专利法实施细则》。我国《专利法》的立法宗旨在于，保护专利权人的合法权益，鼓励发明创造，推动发明创造的应用，提高创新能力，促进科学技术进步和经济社会发展。

二、专利权法律关系

专利权法律关系由专利权的主体、客体和内容构成。

(一) 专利权的主体

专利权的主体，是指可以申请并取得专利权的单位和个人。享有专利权的单位和个人统称为专利权人。

根据我国《专利法》的规定，有权在中国申请专利的人包括中国的单位和公民，以及外国人、外国企业或外国的其他组织。

1. 发明人、设计人所在的单位。执行本单位的任务或者主要是利用本单位的物质技术条件所完成的发明创造称为职务发明创造。职务发明创造申请专利的权利属于该单位，申请被批准后，该单位为专利权人。

（1）执行本单位的任务所完成的职务发明创造，是指在从事本职工作中的发明创造；履行本单位交付的本职工作之外的任务中的发明创造；退职、退出或调动工作1年以内，与其在原单位承担的本职工作或者分配的任务有关的发明创造。

（2）利用本单位的物质条件，是指利用本单位的资金、设备、零部件、原材料或不向外公开的技术资料等。

2. 发明人、设计人。发明人或者设计人所完成的非职务发明创造，申请专利的权利属于发明人或者设计人，申请被批准后，专利权归申请的发明人或者设计人所有。

非职务发明创造，一般是指发明人或者设计人在工作时间以外自由完成的职务发明以外的发明创造。我国《专利法》规定，对发明人或者设计的非职务发明创造专利的申请，任何单位或者个人不得压制。

想一想：

张师傅是某机械厂工人，平时好钻研。一次去农村参加割稻劳动，发觉人工割稻劳动强度大、效力低，而收割机价格高，不适合南方小块分散的农田，故萌发出生产一种适合家庭使用，简便、有效的稻谷收割工具。经过反复试验，并请教了富有经验的厂里技术人员和老师傅，最后终于设计出一种新型稻谷收割刀。这种刀不仅价格低廉而且比镰刀弯腰割稻提高功效3倍多。该产品由张师傅交给厂里，厂里觉得这种刀确实实用价廉，有较广阔的市场，决定投入批量生产，并向国务院专利行政部门申请实用新型专利。张师傅向厂里和国务院专利行政部门提出异议，认为专利申请权应当属于自己，因为自己的设计试制工作全部是在工余完成的，试制所用的原材料也是自己从市场上买来的。请问：张师傅的发明创造属于职务发明创造还是非职务发明创造？专利申请权应归谁？为什么？

3. 共同发明人。由两人或者两人以上共同完成的发明创造，称为共同发明创造。完成该项发明创造的人，称为共同发明人或者共同设计人。

确定共同发明人、设计人的标准是他们对所完成的发明、设计共同做出创造性的贡献。因此，在协作或者委托完成发明创造的当事人中，仅仅从资金、设备、场地等物质条件方面给予支持，或者帮助完成中间试验等辅助性工作的人，不应当视为共同发明人、设计人。

根据我国《专利法》的规定，两个以上单位协作或者一个单位接受其他单位委托的研究、设计任务所完成的发明创造，除另有协议的以外，申请专利的权利属于完成或者共同完成的单位，申请批准后，申请的单位或者个人为专利权人。

4. 外国人、外国企业或者外国其他组织。外国人、外国企业或者外国其他组织以其发明创造在中国申请专利，其中，在中国有经常居所或者营业场所的，可以享受国民待遇；在中国没有经常居所或者营业场所的，应依照其所属国同中国签订的协议或共同参加的国际条约或者因互惠原则，根据我国《专利法》的规定办理，但应当委托国务院专利行政部门指定的专利代理机构办理。其专利申请被批准后，专利权归其所有，受中国《专利法》保护。

（二）专利权的客体

专利权的客体，是指专利法保护的对象，即依法可以取得专利权的发明创造。我国《专利法》所称的发明创造，是指发明、实用新型和外观设计。

1. 发明是指对产品、方法或者其改进所提出的新的技术方案。发明按其表现形式可分为三类：

（1）产品发明，是指经过人工制造的各种制品或产品的发明，包括制造品的发明、材料物品的发明、具有特定用途的物品的发明，如人造金刚石、人造牛黄、超导材料、人造卫星、电子计算机、机器、设备等。

（2）方法发明，是指把一种对象改造成另一种对象所用的手段的发明，包括制造产品方法、使用产品方法、测量方法、通信方法的发明，如制造特种钢的方法、提炼无铅汽油的方法、人工合成纤维的方法、培养杂交水稻的方法等。

（3）改进发明，是指对现有的产品发明和方法发明提出的实质性的革新技术方案。改进发明不是创造新产品，也不是产生新的方法，而是对现有的产品和方法的改进，使其更加完善、寿命更长、质量更好、缩短了时间、提高了效益，使其具有新的技术特征。

想一想：

自然界中的宝石、化石、金刚石、动物、植物，是否可以作为产品发明申请专利？

2. 实用新型是指对产品的形状、构造或者其结合所提出的适于实用的新的技术方案。实用新型不同于发明，二者的区别如下：

（1）发明既包括产品发明也包括方法发明，而实用新型仅指具有一定形状的产品发明。方法发明及没有固定形状和构造的产品，如液体、粉末等方面的产品发明，不属于实用新型的范畴。

（2）实用新型同发明相比，对产品的创造性要求较低。因此，实用新型在一些国家被称为小发明。

（3）实用新型的专利权保护期限短于发明。发明的专利权期限为20年，实用新型专利权期限为10年。

3. 外观设计是指对产品的形状、图案或者其结合，以及色彩与形状、图案的结合所作出的富有美感并适于工业应用的新设计。外观设计只涉及美化产品的外表和形状，而不涉及产品的制造和设计技术。

(三) 专利权的内容

专利权的内容，即专利法律关系的权利和义务。

1. 专利权人的权利。根据我国《专利法》的规定，专利权人依法享有下列权利：

（1）独占权。专利权人有自己制造、使用和销售专利产品或者使用专利方法的权利。专利权人对其专利享有占有、使用、收益和处分的权利，他人未经专利权人同意，都不得实施其专利，即不得为生产经营目的制造、使用、许诺销售、销售、进口其专利产品，或者使用其专利方法以及使用许诺、产品销售、销售、进口依照该专利方法直接获得的产品。

（2）转让权。专利权人有将自己的专利权转让给他人的权利。根据规定，中国单位或者个人向外国人转让专利权申请权或者专利权的，必须经国务院有关主管部门批准。转让专利申请权或者专利权的，当事人应当订立书面合同，并向国务院专利行政部门登记，由国务院专利行政部门———公告。专利申请权或者专利权的转让自登记之日起生效。

（3）许可权。专利权人有许可他人实施其专利并收取使用费的权利。任何单位或者个人实施他人专利的，应当与专利权人订立书面实施许可合同，向专利权人支付专利使用费。被许可人无权允许合同规定以外的任何单位或者个人实施该专利。

（4）标记权。专利权人有权在其专利产品或者该产品的包装上标明专利标识的权利。另外，发明人或者设计人有在专利文件中写明自己是发明人或者设计人的权利。

（5）排除侵犯权。专利权人享有在其专利权受到侵犯时请求专利管理机关进行处理，或者直接向人民法院起诉的权利。

（6）放弃专利权的权利。专利权人有权以书面形式放弃专利权。

2. 专利权人的义务。我国《专利法》规定，专利权人在依法享有权利的同时，还必须履行下列义务：

（1）实施专利的义务。专利权人负有自己在中国制造其专利权产品、使用其专利方法或者许可他人在中国制造其专利产品、使用其专利方法的义务。

（2）缴纳专利年费的义务。专利年费是专利权人付给国务院专利行政部门的管理费用。专利权人应从授予专利权的当年开始缴纳专利年费，不按规定缴纳年费的，专利权应予终止。

（3）职务发明创造取得专利后，被授予专利权的单位应当对职务发明创造的发明人或者设计人给予奖励；发明创造专利实施后，根据其推广应用的范围和取得的经济效益，对发明人或者设计人给予合理的报酬。

三、授予专利权的条件

发明创造必须符合《专利法》规定的条件，才能被授予专利权。这些条件包括形式条件和实质条件两方面，二者都不能缺少。前者是指专利申请文书的写法和格式，后者是指发明创造本身的状况。在这里，将着重讨论授予专利的实质条件。

（一）授予发明和实用新型专利权的条件

我国《专利法》规定，授予专利权的发明和实用新型应当具备新颖性、创造性和实用性。

1. 新颖性是指该发明或者实用新型不属于现有技术，也没有任何单位或者个人就同样的发明或者实用新型在申请日以前向国务院专利行政部门提出过申请,并记载在申请日以后公布的专利申请文件或者公告的专利文件中。新颖性是确定一项发明创造是否可以授予专利权的第一衡量标准,而且该项发明创造是否公开是判断其是不是丧失了新颖性的标准。

我国《专利法》把提出专利申请的日期作为确定新颖性的时间界限,即要求在申请日前没有同样的发明创造公开过,这样,发明创造才具备新颖性。但是,我国《专利法》同时规定,申请专利的发明创造在申请日以前6个月内,有下列情形之一的,不丧失新颖性:(1)在中国政府主办或者承认的国际展览会上首次展出的;(2)在规定的学术会议或技术会议上首次发表的;(3)他人未经申请人同意而泄露其内容的。

想一想:

2014年7月10日,我国在上海举办了家电产品博览会,一种由某厨房设备厂生产的新型厨房多用机,引起与会参观者的浓厚兴趣,该机能完成各种厨房工作。同年10月5日,申请人王某向国务院专利行政部门提交了一份申请厨房多用机专利的申请书。国务院专利行政部门审查后于2015年2月予以公告。在公告期内,某厨房设备厂提出异议。认为该产品已经在国际展览会上展出,不具备新颖性。请问:你认为某厨房设备厂的异议是否成立?为什么?

2. 创造性是指与现有技术相比,该发明有突出的实质性特点和显著的进步,该实用新型有实质性特点和进步。这里的"现有技术"是指申请日以前在国内外为公众所知的技术;"实质性的特点"是指申请专利保护的发明或者实用新型与现有技术相比有本质性的突破,不是现有技术中类似的或者推导的东西,而是创造性构思的结果;"进步"是指与现有技术相比,该技术的应用能产生新的更好的效果,比如降低了成本或者提高了劳动生产率等。

3. 实用性是指该发明或者实用新型能够制造或者使用,并且能够产生积极的效果。具体讲,申请专利的发明或者实用新型,不能是仅仅停留在抽象思维阶段上的理论、构思、原理,而是应当能够在产业上实施应用的技术方案,即能够在产业上制造、生产或者使用,并能产生积极的效果。

想一想:

如果一种方法的发明,虽然会带来一定的经济效益,但也会带来严重的环境污染、损害人体健康,这种方法可以申请专利吗?

(二)授予外观设计专利权的条件

授予专利权的外观设计,应当不属于现有设计,也没有任何单位或者个人就同样的外观设计在申请日以前向国务院专利行政部门提出过申请,并记载在申请日以后公布的专利文件中。授予专利权的外观设计与现有设计或者现有设计特征的组合相比,应当具有明显区别。授予专利权的外观设计不得与他人在申请日以前已经取得的合法权利相冲突。

（三）不授予专利权的范围

发明创造应有利于社会进步，因此，根据我国《专利法》规定，对违反国家法律、社会公德或者妨害公共利益的发明创造，不授予专利权。除此以外，对下列各项也不授予专利权：

1. 科学发现。科学发现不授予专利权，主要是因为它不能直接用于产业，因而不具备发明所必须具备的特征。

2. 智力活动的规则和方法。这是因为它们不是解决问题的具体方案，不具备直接用于产业的性质，也不属于发明的范畴，如速记法、速算法、比赛规则等。

3. 疾病的诊断和治疗方法。这是因为我国鼓励有利于征服各种疾病的科学研究，不允许对医学研究成果进行垄断，如针灸方法等。

4. 动物和植物品种。它们不是人的创造物，因而不是《专利法》保护的对象。但是，这两种产品的生产方法可以依法授予专利权。

5. 用原子的核变换方法获得的物质。这类物质与国家的国防密切相关，所以不能申请专利。

6. 对平面印刷品的图案、色彩或二者的结合作出的主要起标识作用的设计。

四、专利的申请和审批

（一）专利的申请

国务院专利行政部门负责管理全国的专利工作，统一受理和审查专利申请，依法授予专利权。省、自治区、直辖市人民政府管理专利工作的部门负责本行政区域内的专利管理工作。

1. 专利的申请原则。根据我国《专利法》的规定，专利的申请应当遵循下列的原则：

（1）书面原则。一项发明创造要申请专利，必须以书面形式向国家专利局提出申请，而不能以口头说明或者以提交实物的办法代替书面申请。

（2）一项发明一件专利申请原则。我国《专利法》规定，一项发明或者实用新型专利申请应当限于一项发明或者实用新型；一件外观设计专利申请应当限于一种产品所使用的一项外观设计。即每一项发明创造只能申请一次专利，不能把两项以上的发明放到一件专利申请中办理，必须分别提出申请。但是，如果属于一个总的发明构思的两项以上的发明或者实用新型，用于同一类别并且成套出售或者使用的产品的两项以上的外观设计，可以作为一项申请提出。

（3）先申请原则。我国《专利法》规定，两个以上的申请人分别就同样的发明创造申请专利的，专利授权予最先申请的人。关于申请日，我国《专利法》明确规定，国务院专利行政部门收到专利申请文件之日为申请日，如果申请文件是邮寄的，以寄出的邮戳日为申请日。如果两个以上的申请人在同一日分别就同样的发明创造申请专利的，应当在收到国务院专利行政部门的通知后自行协商确定申请人。

想一想：
甲、乙两人申请同一产品的专利，甲先发明，而乙虽发明在后，但申请专利在先，那么专利权应授予谁？

（4）优先权原则。根据我国《专利法》的规定，申请人自发明或者实用新型在外国第一次提出专利申请之日起 12 个月内，或者自外观设计在外国第一次提出专利申请之日起 6 个月内，又在中国就相同主题提出专利申请的，依照该外国同中国签订的协议或者共同参加的国际条约，或者依照相互承认优先权的原则，可以享有优先权。申请人自发明或者实用新型在中国第一次提出专利申请之日起 12 个月内，又向国务院专利行政部门就相同主题提出专利申请的，可以享有优先权。

我国《专利法》同时规定，申请人要求优先权，应当在申请的时候提出书面声明，并且在 3 个月内提交前一次的专利申请文件的副本；未提出书面声明或者逾期未提交专利申请文件副本的，视为未要求优先权。

2. 专利申请应提交的文件。我国《专利法》规定，申请发明或者实用新型专利的，应当提交请求书、说明书及其摘要和权利要求书等文件。申请外观设计专利的，应当提交请求书、该外观设计的图片或者照片以及对该外观设计的简要说明等文件。申请人提交的有关图片或者照片应当清楚地显示要求专利保护的产品的外观设计。

（二）专利申请的审查和批准

专利局对发明专利采取早期公开、迟延审查制度，对实用新型和外观设计采取登记制度。

1. 发明专利的审批程序主要为：

（1）初步审查和早期公开。国务院专利行政部门收到发明专利申请后，经初步审查认为符合本法要求的，自申请日起满 18 个月，即行公布。国务院专利行政部门可以根据申请人的请求早日公布其申请。

（2）实质审查。发明专利申请自申请日起 3 年内，国务院专利行政部门可以根据申请人随时提出的请求，对其申请进行实质审查；申请人无正当理由逾期不请求实质审查的，该申请即被视为撤回。国务院专利行政部门认为必要的时候，可以自行对发明专利申请进行实质审查。

（3）驳回。发明专利申请经申请人陈述意见或者进行修改后，国务院专利行政部门仍然认为不符合本法规定的，应当予以驳回。

（4）授予专利权。发明专利申请经实质审查没有发现驳回理由的，由国务院专利行政部门作出授予发明专利权的决定，发给发明专利证书，同时予以登记和公告。发明专利权自公告之日起生效。

2. 实用新型和外观设计专利申请经初步审查没有发现驳回理由的，由国务院专利行政部门作出授予实用新型专利权或者外观设计专利权的决定，发给相应的专利证书，同时予以登记和公告。实用新型专利权和外观设计专利权自公告之日起生效。

3. 专利复审。国务院专利行政部门设立专利复审委员会。专利申请人对国务院专利行政部门驳回申请的决定不服的，可以自收到通知之日起3个月内，向专利复审委员会请求复审。专利复审委员会复审后，作出决定，并通知专利申请人。专利申请人对专利复审委员会的复审决定不服的，可以自收到通知之日起3个月内向人民法院起诉。

五、专利权的期限、终止和无效

（一）专利权的期限

专利权的期限是指专利权的时间效力。专利权的时间性特点，决定了专利权有严格的时间限制。法律对专利权人的保护不是永久的，它是有一定的时间限制的。专利权只是在法定的期限内有效，并受法律保护。超过法律规定的有效期限，专利权就自行终止。

我国《专利法》规定，发明专利权的期限为20年，实用新型专利权和外观设计专利权的期限为10年，均自申请日起计算。

（二）专利权的终止

我国《专利法》的规定，有下列情形之一的，专利权在期限届满前终止：
1. 没有按照规定缴纳年费的；
2. 专利权人以书面声明放弃其专利权的。

专利权在期限届满前终止的，由国务院专利行政部门登记和公告。

（三）专利权的无效

我国《专利法》的规定，自国务院专利行政部门公告授予专利权之日起，任何单位或者个人认为该专利权的授予不符合专利法有关规定的，可以请求专利复审委员会宣告该专利权无效。专利复审委员会对宣告专利权无效的请求应当及时审查和作出决定，并通知请求人和专利权人。宣告专利权无效的决定，由国务院专利行政部门登记和公告。

宣告无效的专利权视为自始即不存在。对专利复审委员会宣告专利权无效或者维持专利权的决定不服的，可以自收到通知之日起3个月内向人民法院起诉。人民法院应当通知无效宣告请求程序的对方当事人作为第三人参加诉讼。

六、专利权的保护

（一）专利权的保护范围

发明或者实用新型专利权的保护范围以其权利要求的内容为准，说明书及附图可以用于解释权利要求的内容。

外观设计专利权的保护范围以表示在图片或者照片中的该产品的外观设计为准，简要说明可以用于解释图片或者照片所表示的该产品的外观设计。

（二）专利侵权行为

1. 专利侵权行为是指他人未经专利权人许可，实施其专利的行为。侵犯其专利权引起纠纷的，由当事人协商解决；不愿协商或者协商不成的，专利权人或者利害关系人可以向人民法院起诉，也可以请求管理专利工作的部门处理。管理专利工作的部门处理时，认定侵权行为成立的，可以责令侵权人立即停止侵权行为，当事人不服的，可以自收到处理通知之日起15日内依照《中华人民共和国行政诉讼法》向人民法院起诉;侵权人期满不起诉又不停止侵权行为的,管理专利工作的部门可以申请人民法院强制执行。进行处理的管理专利工作的部门应当事人的请求,可以就侵犯专利权的赔偿数额进行调解;调解不成的,当事人可以依照《中华人民共和国民事诉讼法》向人民法院起诉。

2. 有下列情形之一的,不视为侵犯专利权:

(1) 专利产品或者依照专利方法直接获得的产品,由专利权人或者经其许可的单位、个人售出后,使用、许诺销售、销售、进口该产品的;

(2) 在专利申请日前已经制造相同产品、使用相同方法或者已经作好制造、使用的必要准备,并且仅在原有范围内继续制造、使用的;

(3) 临时通过中国领陆、领水、领空的外国运输工具,依照其所属国同中国签订的协议或者共同参加的国际条约,或者依照互惠原则,为运输工具自身需要而在其装置和设备中使用有关专利的;

(4) 专为科学研究和实验而使用有关专利的;

(5) 为提供行政审批所需要的信息,制造、使用、进口专利药品或者专利医疗器械的,以及专门为其制造、进口专利药品或者专利医疗器械的。

为生产经营目的使用、许诺销售或者销售不知道是未经专利权人许可而制造并售出的专利侵权产品,能证明该产品合法来源的,不承担赔偿责任。

在专利侵权纠纷中,被控侵权人有证据证明其实施的技术或者设计属于现有技术或者现有设计的,不构成侵犯专利权。

练习与实训

一、单项选择题

1. 发明专利权和实用新型、外观设计专利权的保护期限分别是( )。
   A. 5年和10年　　B. 10年和20年　　C. 15年和10年　　D. 20年和10年
2. 注册商标有效期满需继续使用的应在期满前( )个月申请续展注册。
   A. 6　　　　　　B. 8　　　　　　C. 12　　　　　　D. 24
3. 注册商标的有效期是( )。
   A. 10年　　　　B. 20年　　　　C. 30年　　　　D. 40年
4. 专利权不具有的属性是( )。
   A. 专有性　　　B. 地域性　　　C. 物质性　　　D. 时间性
5. 依照我国《专利法》的规定,可以授予专利权的是( )。
   A. 科学发现　　　　　　　　　B. 智力活动的规则和方法
   C. 疾病的诊断和治疗方法　　　D. 动物和植物品种的生产方法
6. 申请外观设计专利必须具有( )。
   A. 新颖性、创造性　　　　　　B. 新颖性、实用性
   C. 新颖性　　　　　　　　　　D. 新颖性、创造性、实用性

7. 宣告无效的专利权视为（　　）。
   A. 宣告无效时起不存在　　　　　　B. 宣告无效时起 3 个月后不存在
   C. 宣告无效时起 6 个月后不存在　　D. 自始就不存在
8. 注册商标的有效期初始计算日为（　　）。
   A. 核准注册日　　B. 申请日　　C. 公告日　　D. 颁发证书日
9. 对于初步审定公告的商标，在先权利人、利害关系人及除此以外的任何人均可以提出异议。提出异议的期限及受理机构是自国家商标局作出初步审定公告之日起（　　）。
   A. 1 个月内向商标局提出　　　　　　B. 3 个月内向商标局提出
   C. 6 个月内向商标评审委员会提出　　D. 12 个月内向商标评审委员会提出
10. 目前国家规定必须进行商标注册的商品是（　　）。
    A. 动物用药品　　B. 衣裳　　C. 烟草制品　　D. 食品
11. 专利权的保护期限计算日起自（　　）。
    A. 申请日　　B. 批准日　　C. 登记并公告日　　D. 颁发证书日

二、多项选择题

1. 不授予专利权的有（　　）。
   A. 违反国家法律的产品　　B. 妨害社会公共利益的产品
   C. 专利方法　　　　　　　D. 动植物品种
2. 根据我国《专利法》规定，具备专利权主体资格的包括（　　）。
   A. 外国公民和法人　　B. 发明人所属单位
   C. 发明人或设计人　　D. 专利管理机关
3. 商标局应依法驳回（　　）的商标注册申请。
   A. 荷兰牌帆布　　B. 上海牌手机
   C. 蜜蜂牌软件　　D. 保温牌热水瓶
4. 下列属于专利权终止的原因是（　　）。
   A. 专利权期限届满　　　　　　B. 专利权人没有按期缴纳专利年费
   C. 专利权人书面放弃其专利权　　D. 专利技术被他人冒用
5. 下列各项中，依法可以申请方法专利的有（　　）。
   A. 一种新的无铅汽油的提炼方法　　B. 变魔术的方法
   C. 高血压针灸疗法　　　　　　　　D. 西红柿新品种的培育方法
6. 商标权的客体包括（　　）。
   A. 文字商标　　B. 图形商标　　C. 组合商标　　D. 外文商标
7. 专利权人的权利主要有（　　）。
   A. 独占权　　B. 许可权　　C. 转让权　　D. 阻止权

三、判断题

1. 县级以上行政区划的地名或者公众知晓的外国地名，不得作为商标。（　　）
2. 经许可使用他人注册商标的，无需在使用该注册商标的商品上标明被许可人的名称和商品产地。（　　）

3. 销售不知道是侵犯注册商标专用权的商品，能证明该商品是自己合法取得的并说明提供者的，也承担赔偿责任。（　　）
4. 在中国获得专利权的一项发明，在国外自动受到同样的保护。（　　）
5. 任何单位或者个人实施他人专利的，应当与专利权人订立书面实施许可合同，向专利权人支付专利使用费。（　　）
6. 注册商标变更注册人名称及转让、许可无需到商标局办理相关手续。（　　）
7. 外国人不能在中国申请专利。（　　）
8. 申请人一旦提出专利申请就不能撤回申请。（　　）
9. 申请专利的发明创造在申请日以前6个月内，申请人将其内容写入文章发表的，不丧失新颖性。（　　）

四、案例分析题

案例一

2007年9月6日，我国商标局经初步审定公告了上海××有限公司（被异议人）申请的用于服饰用品上的"曲美及图"商标，在公告期内，××集团（异议人）提出异议认为：被异议人申请的"曲美及图"商标与异议人申请注册的"曲美及图"商标文字上完全相同，容易让消费者误解，从而导致商品产源的误认，严重损害异议人的合法权益，要求商标局不予核准。商标局经查：异议人申请注册的"曲美及图"商标用于"医用紧身内衣"属第10类"热气医疗装置、医疗设备、医用紧身胸衣"等商品。而被异议人申请的"曲美及图"商标用于服饰用品上，属第25类"鞋、帽、服装"商品。

根据以上案情，请回答：××集团提出的异议理由成立吗？商标局是否会核准注册？

案例二

德国A公司在德国完成了一项产品发明，并于2015年5月5日向德国专利部门提出专利申请。2015年10月，张某自己独立完成了一个与德国A公司完成的该项产品发明相同的发明。同年11月10日，张某通过邮寄方式向中国专利部门寄出了专利申请文件，该文件于2015年11月20日到达专利部门。2016年1月8日，德国A公司也向中国专利部门递交了专利申请文件，并要求行使国际优先权。

根据以上案情，请回答：
（1）德国A公司和张某向中国专利部门提出专利申请的日期各是哪一天？
（2）该产品发明的专利权应当授予谁？为什么？
（3）德国A公司应当如何要求行使国际优先权？

第七章
市场管理法

学习目标：
- 了解产品质量法、消费者权益保护法、反不正当竞争法的概念、适用范围及特征
- 了解生产者、销售者、经营者的义务；了解消费者的权利；了解不正当竞争行为的种类
- 能够运用所学的市场管理法知识，分析、解决实践中有关产品质量、消费者权益和不正当竞争行为的法律问题

【案例导入】

王某用新买来的高压气筒给自行车打气，打了几下之后，高压气筒的强推力将气筒的拉杆和活塞弹出，手柄和拉杆脱节，击向王某脸部，顿时血流满面，瘫倒在地。家人将王某送往医院，经医生竭力救治，王某右眼几近失明，左眼视力0.01，并伴有轻度脑震荡，给以后的生活、工作带来了困难。其家属遂起诉销售者，要求赔偿经济损失8万元。

请问： 本案是什么赔偿案件？该负赔偿责任的是生产者还是销售者？为什么？

市场管理法是调整市场管理关系，确认市场主体地位，规范市场行为，维护市场秩序的法律规范的总称。由于市场管理的内容涉及面广，与市场管理有关的法律、法规也较多。改革开放以来，随着中国社会主义商品经济和市场经济的迅速发展，国家立法机关和行政机关先后制定和颁布了一些重要的市场管理法律、法规。主要包括：《消费者权益保护法》（1993年颁布施行，2009年8月第一次修正，2013年10月第二次修正）、《产品质量法》（1993年颁布施行，2000年7月第一次修正，2009年8月第二次修正）、《反不正当竞争法》（1993年颁布施行）等。

第一节 产品质量法

一、产品质量法的概念及其适用范围

(一) 产品质量法的概念

产品质量法是指调整国家在产品质量管理过程中形成的产品质量监督管理关系,以及因产品缺陷而引起的生产者、销售者与消费者之间侵权损害赔偿关系及产品责任关系的法律规范的总称。

(二) 我国《产品质量法》的适用范围

在我国境内从事产品生产、销售活动的企业、其他组织和个人(包括外国人)均必须遵守《产品质量法》。所谓产品是指经过加工、制作,用于销售的产品。建设工程不适用该法规定;但是,建设工程使用的建筑材料、建筑构配件和设备,属于前款规定的产品范围的,适用该法规定。

想一想:

天然物品、非用于销售的物品是否适用《产品质量法》?为什么?

二、产品质量的监督检查

产品质量监督检查制度是指各级政府质量技术监督部门,根据国家有关法律、法规或规章的规定,按照各级政府赋予的职责,代表政府对生产、流通领域的产品质量实施的一种具有监督性质的检查制度。它既是一项强制性的行政措施,同时又是一项有效的法制手段。

(一) 产品质量的监督机关

《产品质量法》第八条规定,国务院产品质量监督部门主管全国产品质量监督工作。国务院有关部门在各自的职责范围内负责产品质量监督工作。县级以上地方产品质量监督部门主管本行政区域内的产品质量监督工作。县级以上地方人民政府有关部门在各自的职责范围内负责产品质量监督工作。法律对产品质量的监督部门另有规定的,依照有关法律的规定执行。

想一想:

产品质量监督有哪几种?什么是国家监督和行业监督?

（二）企业质量体系认证制度

《产品质量法》第十四条规定："国家根据国际通用的质量管理标准，推行企业质量体系认证制度。企业根据自愿原则可以向国务院产品质量监督部门认可的或者国务院产品质量监督部门授权的部门认可的认证机构申请企业质量体系认证。"

（三）产品质量认证制度

国家参照国际先进的产品标准和技术要求，推行产品质量认证制度。企业根据自愿原则可以向国务院产品质量监督部门认可的或者国务院产品质量监督部门授权的部门认可的认证机构申请产品质量认证。经认证合格的，由认证机构颁发产品质量认证证书，准许企业在产品或者其包装上使用产品质量认证标志。

> **知识链接**
>
> 产品质量认证，是由依法取得产品质量认证资格的认证机构，依据有关的产品标准和要求，按照规定的程序，对申请认证的产品进行工厂审查和产品检验，对符合条件要求的，通过颁发认证证书和认证标志以证明该项产品符合相应标准要求的活动。

（四）产品质量监督检查制度

国家对产品质量实施监督检查的基本制度主要包括：

1. 对涉及保障人体健康和人身、财产安全的产品实行严格的强制监督管理的制度；
2. 产品质量监督部门依法对产品质量实行监督抽查并对抽查结果进行公告的制度；
3. 推行企业质量体系认证和产品质量认证的制度；
4. 产品质量监督部门和工商行政管理部门对涉嫌在产品生产、销售活动中从事违反产品质量法的行为可以依法实施强制检查和采取必要的查封、扣押等强制措施的制度；
5. 对产品质量违法行为依法实施处罚的制度。

三、生产者、销售者的产品质量义务和责任

（一）生产者、销售者的产品质量义务

1. 产品质量义务的含义。产品质量义务是指产品的生产者、销售者在产品质量方面必须做出的作为和不作为。
2. 生产者的产品质量义务。《产品质量法》规定，生产者应当对其生产的产品质量负责。
3. 销售者的产品质量义务包括：（1）进货验收义务。销售者应当建立并执行进货检查验收制度。（2）保持产品质量的义务。销售者进货后应对保持产品质量负责，以防止产品变质、腐烂、丧失或降低使用性能，产生危害人身、财产的瑕疵等。（3）有关产品标识的义务。销售者在销售产品时，应保证产品标识符合产品质量法对产品标识的要求，符合进货时验收的状态，不得更改、覆盖、涂抹产品标识，以保证产品标识的真实性。

（二）产品质量责任

1. 产品质量责任的概念。产品质量责任是指产品的生产者、销售者以及对产品质量负

有直接责任的人违反产品质量法规定的产品质量义务应承担的法律后果。

2. 产品责任的归责原则。该原则因人而异，生产者承担严格责任，而销售者承担推定过错责任。

提示：生产者承担严格责任表现为：因产品存在缺陷造成人身、他人财产损害的，生产者无论是否有过错，均应承担赔偿责任。

3. 产品质量法律责任的构成要件为：（1）生产或销售了不符合产品质量要求的产品；（2）必须有人身伤亡或财产损失的事实；（3）产品质量不合格与人身、财产损害事实之间存在因果关系。

四、违反产品质量法的法律责任

（一）产品质量民事责任

1. 产品瑕疵担保责任，是指产品销售者违反产品质量的保证和承诺所应当承担的法律责任。

2. 产品缺陷损害赔偿责任，是指因产品存在缺陷，给用户、消费者或者其他人造成人身、财产损害时，缺陷产品的生产者、销售者应承担的赔偿责任。

（二）产品质量行政责任

产品质量行政责任是指生产者、储运者、销售者以及对产品质量负有直接责任的人违反产品质量义务应承担的行政法上的后果。

（三）产品质量刑事责任

产品质量刑事责任是指生产者、储运者、销售者以及对产品质量负有直接责任的人违反产品质量义务应承担的刑法上的后果。

提示：根据法律规定，下列行为构成犯罪的，依法追究刑事责任：（1）生产者、销售者在产品中掺杂、掺假、以假充真，以次充好或者以不合格品冒充合格品，销售金额五万元以上的；（2）生产、销售不符合保障人体健康和人身、财产安全的国家标准、行业标准的产品，造成严重后果的。

第二节　消费者权益保护法

一、消费者权益保护法概述

（一）消费者与消费者权益的概念

1. 消费者是指为生活消费需要而购买、使用经营者所提供的商品或者接受经营者所提供的服务的个人。

2. 消费者权益是指消费者依法享有的权利以及该权利受到保护时而给消费者带来的应得的利益。

（二）消费者权益保护法的适用范围

消费者权益保护法的适用范围是指该法的效力所及的空间、时间和主体的范围。从主体的方面看，我国《消费者权益保护法》适用于消费者为生活消费需要购买、使用商品或接受服务时，其权益受到该法保护；经营者为消费者提供生产、销售的商品或提供服务时，应当遵守该法；农民购买、使用直接用于农业生产的生产资料时，也参照该法执行。

想一想：

农民谢某在某籽种公司购得该公司推荐的玉米新品种10千克。播种后，出芽率不到10%，并非某籽种公司所言的98%以上。请问：农民谢某的权益是否受《消费者权益保护法》的保护？为什么？

二、消费者的权利与经营者的义务

（一）消费者的权利

1. 安全权，是指消费者在购买、使用商品和接受服务时享有人身和财产安全不受损害的权利。安全权是我国消费者最重要的权利。

2. 知情权，是指消费者在购买、使用商品或接受服务时，了解与其购买、使用的商品或接受的服务有关的真实情况的权利。

3. 选择权，是指消费者根据自己内心意愿选择经营者、选择商品和服务的权利。但是，消费者不能把自主选择权建立在侵害国家、集体和他人合法权益之上。

4. 公平交易权，是指消费者获得质量保障、价格合理、计量准确等公平交易条件的权利。

5. 求偿权。消费者在购买、使用商品或接受服务时，由于经营者的过失或故意，而非消费者自己的过错，使人身权和财产权受到侵害的，享有求偿权。

6. 结社权，是指消费者为维护自身合法权益而依法建立社会团体的权利。

7. 获知权。消费者享有依法获得消费知识及消费者权益保护方面知识的权利。

8. 受尊重权，是指消费者在购买、使用商品和接受服务时，享有人格尊严、民族风俗习惯受到尊重的权利，享有个人信息依法受到保护的权利。

9. 监督权。消费者享有对经营者的经营行为及消费者保护工作进行监察、督促的权利。

（二）经营者的义务

1. 履行法定的和约定的义务，保障消费者的合法权益。

（1）经营者向消费者提供商品或者服务，应当依照《中华人民共和国消费者权益保护法》和其他有关法律、法规的规定履行义务。

（2）经营者和消费者有约定的，应当按照约定履行义务，但双方的约定不得违背法律、法规的规定。

（3）经营者向消费者提供商品或者服务，应当恪守社会公德，诚信经营，保障消费者的合法权益；不得设定不公平、不合理的交易条件，不得强制交易。

2. 接受消费者监督的义务。经营者应当听取消费者对其提供的商品或者服务的意见，接受消费者的监督。

3. 保证所提供的商品或服务安全的义务。

（1）经营者应当保证其提供的商品或者服务符合保障人身、财产安全的要求。对可能危及人身、财产安全的商品和服务，应当向消费者作出真实的说明和明确的警示，并说明和标明正确使用商品或者接受服务的方法以及防止危害发生的方法。

（2）宾馆、商场、餐馆、银行、机场、车站、港口、影剧院等经营场所的经营者，应当对消费者尽到安全保障义务。

（3）经营者发现其提供的商品或者服务存在缺陷，有危及人身、财产安全危险的，应当立即向有关行政部门报告和告知消费者，并采取停止销售、警示、召回、无害化处理、销毁、停止生产或者服务等措施。采取召回措施的，经营者应当承担消费者因商品被召回支出的必要费用。

4. 提供商品或服务的真实信息并明码标价的义务。

（1）经营者向消费者提供有关商品或者服务的质量、性能、用途、有效期限等信息，应当真实、全面，不得作虚假或者引人误解的宣传。

（2）经营者对消费者就其提供的商品或者服务的质量和使用方法等问题提出的询问，应当作出真实、明确的答复。

（3）经营者提供商品或者服务应当明码标价。

5. 标明经营者的真实名称和标记的义务。经营者应当标明其真实名称和标记。租赁他人柜台或者场地的经营者，应当标明其真实名称和标记。

6. 出具购货凭证或服务单据的义务。经营者提供商品或者服务，应当按照国家有关规定或者商业惯例向消费者出具发票等购货凭证或者服务单据；消费者索要发票等购货凭证或者服务单据的，经营者必须出具。

7. 保证商品或服务质量的义务。

（1）经营者应当保证在正常使用商品或者接受服务的情况下其提供的商品或者服务应当具有的质量、性能、用途和有效期限；但消费者在购买该商品或者接受该服务前已经知道其存在瑕疵，且存在该瑕疵不违反法律强制性规定的除外。

（2）经营者以广告、产品说明、实物样品或者其他方式表明商品或者服务的质量状况的，应当保证其提供的商品或者服务的实际质量与表明的质量状况相符。

（3）经营者提供的机动车、计算机、电视机、电冰箱、空调器、洗衣机等耐用商品或者装饰装修等服务，消费者自接受商品或者服务之日起六个月内发现瑕疵，发生争议的，由经营者承担有关瑕疵的举证责任。

8. 履行退货、更换、修理的义务。经营者提供的商品或者服务不符合质量要求的，消费者可以依照国家规定、当事人约定退货，或者要求经营者履行更换、修理等义务。没有国家规定和当事人约定的，消费者可以自收到商品之日起七日内退货；七日后符合法定解除合同条件的，消费者可以及时退货，不符合法定解除合同条件的，可以要求经营者履行更换、修理等义务。

依照前述规定进行退货、更换、修理的，经营者应当承担运输等必要费用。

9. 对采取网络、邮购等方式销售的商品承担七日无理由退货的义务。

（1）经营者采用网络、电视、电话、邮购等方式销售商品，消费者有权自收到商品之日起七日内退货，且无需说明理由，但下列商品除外：①消费者订做的；②鲜活易腐的；③在线下载或者消费者拆封的音像制品、计算机软件等数字化商品；④交付的报纸、期刊。

（2）除前述所列商品外，其他根据商品性质并经消费者在购买时确认不宜退货的商品，不适用无理由退货。

（3）消费者退货的商品应当完好。经营者应当自收到退回商品之日起七日内返还消费者支付的商品价款。退回商品的运费由消费者承担；经营者和消费者另有约定的，按照约定。

10. 履行格式条款特别提示的义务。

（1）经营者在经营活动中使用格式条款的，应当以显著方式提请消费者注意商品或者服务的数量和质量、价款或者费用、履行期限和方式、安全注意事项和风险警示、售后服务、民事责任等与消费者有重大利害关系的内容，并按照消费者的要求予以说明。

（2）经营者不得以格式条款、通知、声明、店堂告示等方式，作出排除或者限制消费者权利、减轻或者免除经营者责任、加重消费者责任等对消费者不公平、不合理的规定，不得利用格式条款并借助技术手段强制交易。

（3）格式条款、通知、声明、店堂告示等含有前款所列内容的，其内容无效。

11. 尊重消费者人格权的义务。经营者不得对消费者进行侮辱、诽谤，不得搜查消费者的身体及其携带的物品，不得侵犯消费者的人身自由。

12. 采取网络、邮购等方式提供商品或者服务及提供金融服务的经营者，应当提供经营地址等法定信息。

采用网络、电视、电话、邮购等方式提供商品或者服务的经营者，以及提供证券、保险、银行等金融服务的经营者，应当向消费者提供经营地址、联系方式、商品或者服务的数量和质量、价款或者费用、履行期限和方式、安全注意事项和风险警示、售后服务、民事责任等信息。

13. 对所收集的消费者个人信息严格保密的义务。

（1）经营者收集、使用消费者个人信息，应当遵循合法、正当、必要的原则，明示收集、使用信息的目的、方式和范围，并经消费者同意。经营者收集、使用消费者个人信息，应当公开其收集、使用规则，不得违反法律、法规的规定和双方的约定收集、使用信息。

（2）经营者及其工作人员对收集的消费者个人信息必须严格保密，不得泄露、出售或者非法向他人提供。经营者应当采取技术措施和其他必要措施，确保信息安全，防止消费者个人信息泄露、丢失。在发生或者可能发生信息泄露、丢失的情况时，应当立即采取补救措施。

（3）经营者未经消费者同意或者请求，或者消费者明确表示拒绝的，不得向其发送商业性信息。

三、消费者权益的保护

（一）国家对消费者合法权益的保护（即国家保护）

1. 立法保护。国家制定有关消费者权益的法律、法规、规章和强制性标准，应当听取消费者和消费者协会等组织的意见。

2. 行政保护。

（1）各级人民政府应当加强领导，组织、协调、督促有关行政部门做好保护消费者合法权益的工作，落实保护消费者合法权益的职责。各级人民政府应当加强监督，预防危害消费者人身、财产安全行为的发生，及时制止危害消费者人身、财产安全的行为。

（2）各级人民政府工商行政管理部门和其他有关行政部门应当依照法律、法规的规定，在各自的职责范围内，采取措施，保护消费者的合法权益。有关行政部门应当听取消费者和消费者协会等组织对经营者交易行为、商品和服务质量问题的意见，及时调查处理。

（3）有关行政部门在各自的职责范围内，应当定期或者不定期地对经营者提供的商品和服务进行抽查检验，并及时向社会公布抽查检验结果。有关行政部门发现并认定经营者提供的商品或者服务存在缺陷，有危及人身、财产安全危险的，应当立即责令经营者采取停止销售、警示、召回、无害化处理、销毁、停止生产或者服务等措施。

3. 司法保护。

（1）有关国家机关应当依照法律、法规的规定，惩处经营者在提供商品和服务中侵害消费者合法权益的违法犯罪行为。

（2）人民法院应当采取措施，方便消费者提起诉讼。对符合《中华人民共和国民事诉讼法》起诉条件的消费者权益争议，必须受理，及时审理。

（二）消费者组织对消费者合法权益的保护（即社会保护）

1. 大众传播媒介的保护。我国《消费者权益保护法》第六条规定，大众传播媒介应当做好维护消费者合法权益的宣传，对损害消费者合法权益的行为进行舆论监督。

2. 消费者组织的保护。我国《消费者权益保护法》第三十六条规定："消费者协会和其他消费者组织是依法成立的对商品和服务进行社会监督的保护消费者合法权益的社会组织。"消费者协会和其他消费者组织是保护消费者合法权益体系中的一个重要组成部分，其主要特征就是以保护消费者利益为宗旨的社会组织。

四、消费者权益争议的解决

（一）争议的解决途径

消费者与提供商品或服务的经营者发生争议时，解决问题的途径如下：

1. 与经营者协商和解；
2. 请求消费者协会或者依法成立的其他调解组织调解；
3. 向有关行政部门投诉；
4. 根据与经营者达成的仲裁协议提请仲裁机构仲裁；
5. 向人民法院提起诉讼。

（二）侵害消费者合法权益主体的确定

消费者合法权益受到损害时，首先要确定侵害其权益的主体。对消费者权益构成侵害的主体主要有以下几类：

1. 生产者、销售者、服务者。

（1）消费者在购买、使用商品时，其合法权益受到损害的，可以向销售者要求赔偿。销售者赔偿后，属于生产者的责任或者属于向销售者提供商品的其他销售者的责任的，销售者有权向生产者或者其他销售者追偿。

（2）消费者或者其他受害人因商品缺陷造成人身、财产损害的，可以向销售者要求赔偿，也可以向生产者要求赔偿。属于生产者责任的，销售者赔偿后，有权向生产者追偿。属于销售者责任的，生产者赔偿后，有权向销售者追偿。

（3）消费者在接受服务时，其合法权益受到损害的，可以向服务者要求赔偿。

2. 变更后的企业。消费者在购买、使用商品或者接受服务时，其合法权益受到损害，因原企业分立、合并的，可以向变更后承受其权利义务的企业要求赔偿。

3. 营业执照的使用人或持有人。使用他人营业执照的违法经营者提供商品或者服务，损害消费者合法权益的，消费者可以向其要求赔偿，也可以向营业执照的持有人要求赔偿。

4. 展销会的举办者、柜台的出租者。消费者在展销会、租赁柜台购买商品或者接受服务，其合法权益受到损害的，可以向销售者或者服务者要求赔偿。展销会结束或者柜台租赁期满后，也可以向展销会的举办者、柜台的出租者要求赔偿。展销会的举办者、柜台的出租者赔偿后，有权向销售者或者服务者追偿。

5. 销售者、服务者、网络交易平台提供者。

（1）消费者通过网络交易平台购买商品或者接受服务，其合法权益受到损害的，可以向销售者或者服务者要求赔偿。网络交易平台提供者不能提供销售者或者服务者的真实名称、地址和有效联系方式的，消费者也可以向网络交易平台提供者要求赔偿；网络交易平台提供者作出更有利于消费者的承诺的，应当履行承诺。网络交易平台提供者赔偿后，有权向销售者或者服务者追偿。

（2）网络交易平台提供者明知或者应知销售者或者服务者利用其平台侵害消费者合法权益，未采取必要措施的，依法与该销售者或者服务者承担连带责任。

6. 从事虚假广告行为的经营者。

（1）消费者因经营者利用虚假广告或者其他虚假宣传方式提供商品或者服务，其合法权益受到损害的，可以向经营者要求赔偿。广告经营者、发布者发布虚假广告的，消费者可以请求行政主管部门予以惩处。广告经营者、发布者不能提供经营者的真实名称、地址和有效联系方式的，应当承担赔偿责任。

（2）广告经营者、发布者设计、制作、发布关系消费者生命健康的商品或者服务的虚假广告，造成消费者损害的，应当与提供该商品或者服务的经营者承担连带责任。

（3）社会团体或者其他组织、个人在关系消费者生命健康的商品或者服务的虚假广告或者其他虚假宣传中向消费者推荐商品或者服务，造成消费者损害的，应当与提供该商品或者服务的经营者承担连带责任。

想一想：

姚女士像往常一样持会员卡到某瑜伽中心健身，不料却被告知老板换了，原来办的会员卡已经作废，不能继续使用了。姚女士的会员卡并未到期，里面还有600多元的消费余额。你认为姚女士的会员卡是否作废？如果没有作废，该由谁承担责任？

五、侵害消费者合法权益的法律责任

（一）侵害消费者合法权益的民事责任

1. 侵犯消费者权益民事责任的含义。侵犯消费者权益的民事责任，是指因侵犯消费者的合法权益而应承担的民法上的法律后果。

2. 侵犯消费者合法权益而应当承担民事责任的法定情形。经营者提供商品或者服务有下列情形之一的，除《消费者权益保护法》另有规定外，应当依照其他有关法律、法规的规定，承担民事责任：

（1）商品或者服务存在缺陷的；
（2）不具备商品应当具备的使用性能而出售时未作说明的；
（3）不符合在商品或者其包装上注明采用的商品标准的；
（4）不符合商品说明、实物样品等方式表明的质量状况的；
（5）生产国家明令淘汰的商品或者销售失效、变质商品的；
（6）销售的商品数量不足的；
（7）服务的内容和费用违反约定的；
（8）对消费者提出的修理、重做、更换、退货、补足商品数量、退还货款和服务费用或者赔偿损失的要求，故意拖延或者无理拒绝的；
（9）法律、法规规定的其他损害消费者权益的情形。

3. 侵犯消费者权益民事责任的形式。

（1）经营者对消费者未尽到安全保障义务，造成消费者损害的，应当承担侵权责任。
（2）经营者提供商品或者服务，造成消费者或者其他受害人人身伤害的，应当赔偿医疗费、护理费、交通费等为治疗和康复支出的合理费用，以及因误工减少的收入。造成残疾的，还应当赔偿残疾生活辅助具费和残疾赔偿金。造成死亡的，还应当赔偿丧葬费和死亡赔偿金。
（3）经营者侵害消费者的人格尊严、侵犯消费者人身自由或者侵害消费者个人信息依法得到保护的权利的，应当停止侵害、恢复名誉、消除影响、赔礼道歉，并赔偿损失。
（4）经营者有侮辱诽谤、搜查身体、侵犯人身自由等侵害消费者或者其他受害人人身权益的行为，造成严重精神损害的，受害人可以要求精神损害赔偿。
（5）经营者提供商品或者服务，造成消费者财产损害的，应当依照法律规定或者当事人约定承担修理、重做、更换、退货、补足商品数量、退还货款和服务费用或者赔偿损失等民事责任。
（6）经营者以预收款方式提供商品或者服务的，应当按照约定提供。未按照约定提供的，应当按照消费者的要求履行约定或者退回预付款；并应当承担预付款的利息、消费者必须支付的合理费用。
（7）依法经有关行政部门认定为不合格的商品，消费者要求退货的，经营者应当负责退货。
（8）经营者提供商品或者服务有欺诈行为的，应当按照消费者的要求增加赔偿其受到的损失，增加赔偿的金额为消费者购买商品的价款或者接受服务的费用的3倍；增加赔偿的金额不足500元的，为500元。法律另有规定的，依照其规定。

经营者明知商品或者服务存在缺陷，仍然向消费者提供，造成消费者或者其他受害人死亡或者健康严重损害的，受害人有权要求经营者依照《消费者权益保护法》第四十九条、第五十一条等法律规定赔偿损失，并有权要求所受损失2倍以下的惩罚性赔偿。

（二）侵害消费者合法权益的行政责任

1. 侵犯消费者权益行政责任的含义。侵犯消费者权益的行政责任，是指经营者因侵犯消费者的合法的人身权或财产权而承担的警告、罚款、拘留等行政法上的法律后果。

2. 侵犯消费者合法权益而应当承担行政责任的法定情形。经营者有下列情形之一，除承担相应的民事责任外，其他有关法律、法规对处罚机关和处罚方式有规定的，依照法律、法规的规定执行；法律、法规未作规定的，由工商行政管理部门或者其他有关行政部门责令改正，可以根据情节单处或者并处警告、没收违法所得、处以违法所得1倍以上10倍以下的罚款，没有违法所得的，处以50万元以下的罚款；情节严重的，责令停业整顿、吊销营业执照：

（1）提供的商品或者服务不符合保障人身、财产安全要求的；

（2）在商品中掺杂、掺假，以假充真，以次充好，或者以不合格商品冒充合格商品的；

（3）生产国家明令淘汰的商品或者销售失效、变质的商品的；

（4）伪造商品的产地，伪造或者冒用他人的厂名、厂址，篡改生产日期，伪造或者冒用认证标志等质量标志的；

（5）销售的商品应当检验、检疫而未检验、检疫或者伪造检验、检疫结果的；

（6）对商品或者服务作虚假或者引人误解的宣传的；

（7）拒绝或者拖延有关行政部门责令对缺陷商品或者服务采取停止销售、警示、召回、无害化处理、销毁、停止生产或者服务等措施的；

（8）对消费者提出的修理、重做、更换、退货、补足商品数量、退还货款和服务费用或者赔偿损失的要求，故意拖延或者无理拒绝的；

（9）侵害消费者人格尊严、侵犯消费者人身自由或者侵害消费者个人信息依法得到保护的权利的；

（10）法律、法规规定的对损害消费者权益应当予以处罚的其他情形。

经营者有上述规定情形的，除依照法律、法规规定予以处罚外，处罚机关应当记入信用档案，向社会公布。

（三）侵害消费者合法权益的刑事责任

1. 经营者违反本法规定提供商品或者服务，侵害消费者合法权益，构成犯罪的，依法追究刑事责任。

2. 以暴力、威胁等方法阻碍有关行政部门工作人员依法执行职务的，依法追究刑事责任；拒绝、阻碍有关行政部门工作人员依法执行职务，未使用暴力、威胁方法的，由公安机关依照《中华人民共和国治安管理处罚法》的规定处罚。

3. 国家机关工作人员玩忽职守或者包庇经营者侵害消费者合法权益的行为的，由其所在单位或者上级机关给予行政处分；情节严重，构成犯罪的，依法追究刑事责任。

4. 经营者违反消费者权益保护法的规定，应当承担民事赔偿责任和缴纳罚款、罚金，其财产不足以同时支付的，先承担民事赔偿责任。

第三节 反不正当竞争法

一、不正当竞争行为的概念及特征

（一）不正当竞争行为的概念

所谓不正当竞争行为，是指经营者在市场竞争中，采取非法的或者有悖于公认的商业道德的手段和方式，损害其他经营者的合法权益，扰乱社会经济秩序的行为。

（二）不正当竞争行为的特征

1. 不正当竞争行为的主体是经营者。但是，如果政府及其所属职能部门滥用行政权力妨碍经营者的正当经营行为的，也属于不正当竞争行为。
2. 不正当竞争行为违背了自愿、公平、诚实信用原则或违反了公认的商业道德，损害了其他经营者的合法权益，是一种违法行为。
3. 不正当竞争行为损害了其他经营者的合法权益，扰乱了正常的社会经济秩序。

二、不正当竞争行为的类型

（一）不正当竞争方法

1. 混淆行为，是指经营者在市场经营活动中，以种种不实手法对自己的商品或服务作虚假表示、说明或承诺，或不当利用他人的智力劳动成果推销自己的商品或服务，使用户或者消费者产生误解，扰乱市场秩序、损害同行业竞争者的利益或者消费者利益的行为。
2. 虚假宣传行为，是指经营者利用广告和其他方法，对产品的质量、性能、成分、用途、产地等所作的引人误解的不实宣传。
3. 商业贿赂行为，指经营者为争取交易机会，暗中给予交易对方有关人员和能够影响交易的其他相关人员以财物或其他好处的行为。
4. 侵犯商业秘密行为，是指以不正当手段获取、披露、使用他人商业秘密的行为。
5. 不当有奖销售行为，是指经营者在销售商品或提供服务时，以提供奖励（包括金钱、实物、附加服务等）为名，实际上采取欺骗或者其他不当手段损害用户、消费者的利益，或者损害其他经营者合法权益的行为。

提示：经营者不得从事下列有奖销售：
（1）采用谎称有奖或者故意让内定人员中奖的欺骗方式进行有奖销售；
（2）利用有奖销售的手段推销质次价高的商品；
（3）抽奖式的有奖销售，最高奖的金额超过5 000元。

6. 毁誉行为，是指经营者为了竞争的目的，故意捏造、散布虚假的事实，损害竞争对手的商业信誉和商品声誉，从而其削弱竞争力，为自己取得竞争优势的行为。

> **知识链接**
>
> 毁誉行为的特点：（1）行为的主体是市场经营活动中的经营者，其他经营者如果受其指使从事诋毁商誉行为的，可构成共同侵权人。（2）经营者实施了诋毁商誉行为。（3）诋毁行为是针对一个或多个特定竞争对手的。（4）经营者对其他竞争者进行诋毁，其目的是败坏对方的商誉，其主观心态出于故意显而易见。

（二）限制竞争行为

限制竞争行为是指妨碍甚至完全阻止、排除市场主体进行竞争的协议和行为。

1. 限购行为，是指公用企业或者其他依法具有独占地位的经营者为了排挤其他经营者而采取的限定他人购买其指定的经营者的商品的行为。

2. 亏本销售行为，是指商品的生产者、销售者、经营者和服务者使某种产品或服务的价格低于成本，其目的是为了吸引顾客购买本企业的其他产品。

3. 搭售行为，是指经营者出售商品或者提供服务时，违背对方的意愿，强行搭售其他商品的行为。

4. 串标行为，是指几个投标人私下达成了投标的一些企图，最后控制投标结果的行为。

（三）行政性垄断行为

行政性垄断行为是指行政机关或其授权的组织滥用行政权力，限制竞争的行为。

三、对不正当竞争行为的监督检查

（一）监督检查部门

县级以上人民政府工商行政管理部门及法律、行政法规规定的其他部门是对不正当竞争行为进行监督检查的部门。

（二）监督检查部门的职权

1. 按照规定程序询问被检查的经营者、利害关系人、证明人，并要求提供证明材料或者与不正当竞争行为有关的其他资料；

2. 查询、复制与不正当竞争行为有关的协议、账册、单据、文件、记录、业务函电和其他资料；

3. 检查与《反不正当竞争法》第五条规定的不正当竞争行为有关的财物，必要时可以责令被检查的经营者说明该商品的来源和数量，暂停销售，听候检查，不得转移、隐匿、销毁该财物。

（三）对监督检查部门的要求

1. 监督检查部门工作人员监督检查不正当竞争行为时，应当出示检查证件。

2. 监督检查的国家机关工作人员不得滥用职权、玩忽职守。
3. 监督检查的国家机关工作人员不得徇私舞弊，对构成犯罪的经营者故意包庇。

（四）对处罚决定不服的救济措施

1. 当事人对处罚决定不服的，可自收到处罚决定之日起15日内向上一级主管机关申请复议；
2. 对复议决定不服的，可自收到复议决定书之日起15日内向人民法院提起诉讼；
3. 可以直接向人民法院提起诉讼。

四、违反反不正当竞争法的法律责任

（一）经营者的法律责任

经营者有下列行为的，应当承担法律责任：
1. 经营者违反反不正当竞争法规定，给被侵害的经营者造成损害的；
2. 经营者假冒他人的注册商标，擅自使用他人的企业名称或者姓名，伪造或者冒用认证标志、名优标志等质量标志，伪造产地，对商品质量作引人误解的虚假表示的；
3. 经营者擅自使用知名商品特有的名称、包装、装潢，或者使用与知名商品近似的名称、包装、装潢，造成和他人的知名商品相混淆，使购买者误认为是该知名商品的；
4. 经营者采用财物或者其他手段进行贿赂以销售或者购买商品的；
5. 公用企业或者其他依法具有独占地位的经营者，限定他人购买其指定的经营者的商品，以排挤其他经营者的公平竞争及被指定的经营者借此销售质次价高商品或者滥收费用的；
6. 经营者利用广告或者其他方法，对商品作引人误解的虚假宣传及广告的经营者在明知或者应知的情况下，代理、设计、制作、发布虚假广告的；
7. 经营者违反规定侵犯商业秘密、进行有奖销售，投标者串通投标，抬高标价或者压低标价；投标者和招标者相互勾结，以排挤竞争对手的公平竞争的。

（二）政府及所属部门的法律责任

政府及其所属部门违反《反不正当竞争法》第七条规定，限定他人购买其指定的经营者的商品，限制其他经营者正当的经营活动，或者限制商品在地区之间正常流通的，由上级机关责令其改正；情节严重的，由同级或者上级机关对直接责任人员给予行政处分。被指定的经营者借此销售质次价高商品或者滥收费用的，监督检查部门应当没收违法所得，可以根据情节处以违法所得一倍以上三倍以下的罚款。

（三）监督检查部门工作人员的法律责任

1. 监督检查不正当竞争行为的国家机关工作人员滥用职权、玩忽职守，构成犯罪的，依法追究刑事责任。
2. 监督检查不正当竞争行为的国家机关工作人员徇私舞弊，对明知有违反反不正当竞争法规定构成犯罪的经营者，故意包庇不使他受追诉的，依法追究刑事责任。

练习与实训

一、单项选择题

1. 质量检验最重要、最基本的功能是(　　)。
    A. 鉴别功能　　　B. "把关"功能　　C. 预防功能　　　D. 报告功能
2. 消费者在购买、使用商品或接受服务时,由于经营者的过失或故意,而非消费者自己的过错,使人身权和财产权受到侵害的,享有(　　)。
    A. 安全权　　　　B. 求偿权　　　　C. 知情权　　　　D. 受尊重权
3. 国家保护是指(　　)。
    A. 立法保护
    B. 消费者协会和其他消费者组织对消费者合法权益的保护
    C. 大众传播媒介的保护
    D. 国家对消费者合法权益的保护
4. 商业贿赂行为是指(　　)。
    A. 经营者为争取交易机会,暗中给予交易对方有关人员和能够影响交易的其他相关人员以财物或其他好处的行为
    B. 经营者在市场经营活动中,以种种不实手法对自己的商品或服务作虚假表示、说明或承诺,或不当利用他人的智力劳动成果推销自己的商品或服务,使用户或者消费者产生误解,扰乱市场秩序、损害同业竞争者的利益或者消费者利益的行为
    C. 经营者利用广告和其他方法,对产品的质量、性能、成分、用途、产地等所作的引人误解的不实宣传
    D. 经营者在销售商品或提供服务时,以提供奖励(包括金钱、实物、附加服务等)为名,实际上采取欺骗或者其他不当手段损害用户、消费者的利益,或者损害其他经营者合法权益的行为

二、多项选择题

1. 质量检验的主要形式包括(　　)。
    A. 现场检验　　　　　　　　　　B. 检验原始质量凭证
    C. 实物检验　　　　　　　　　　D. 派员进厂验收
2. 消费者权益争议的解决途径有(　　)。
    A. 与经营者协商和解　　　　　　B. 请求消费者协会调解
    C. 向有关行政部门投诉　　　　　D. 向人民法院提起诉讼
3. 限制竞争行为有(　　)。
    A. 限购行为　　　B. 亏本销售行为　　C. 搭售行为　　　D. 串标行为

三、判断题

1. 在我国境内从事产品生产、销售活动的企业、其他组织和个人（包括外国人）均必须遵守《产品质量法》。（   ）
2. 产品瑕疵担保责任是指因产品存在缺陷，给用户、消费者或者其他人造成人身、财产损害时，缺陷产品的生产者、销售者应承担的赔偿责任。（   ）
3. 消费者权益是指消费者依法享有的权利，以及该权利受到保护时而给消费者带来的应得的利益。（   ）
4. 经营者应当保证其提供的商品或者服务符合保障人身、财产安全的要求。对可能危及人身、财产安全的应当说明和警示标志。（   ）
5. 当事人对处罚决定不服的，可自收到处罚决定之日起30日内向上一级主管机关申请复议。（   ）

四、案例分析题

赵某在本市某商场购买了一台由A厂生产的冰箱，同月又购得一部B公司生产的多功能电源保护器，并在家中自行安装。一日，赵某下班回家发现冰箱起火，烧毁部分家具及用品，因发现及时，幸未发生重大火灾。为此，赵某向法院起诉，状告某商场、A冰箱厂和B公司，要求维护消费者权益，赔偿损失。

某商场辩称，赔偿责任应由产品的制造者承担，销售者不应承担责任。

A冰箱厂辩称，本厂生产的产品均符合国家标准，以往从未发生过此种情况，无证据证明生产者有过错，无法认定生产者应承担责任。B公司的电源保护器失灵可能是事故的主要原因。

B公司辩称，赵某违反有关安装说明的要求，违章安装，无视说明书的警示说明，导致电源保护器失效酿成事故，冰箱电源线路有问题使冰箱起火是根本原因。

法院在调查过程中，经技术监督局对A厂的冰箱和B公司的电源保护器进行质量鉴定，认定：（1）该品牌和型号的电冰箱线路连接上存在某些缺陷，一般情况下不会出故障，在特定的情况下会产生高温；（2）电源保护器已经被烧毁无法鉴定，但对同样的商品进行检测，没有发现质量问题；（3）赵某在安装电源保护器与冰箱时，未按说明书正确安装，使保护器无法发挥正常作用，导致冰箱等物品被烧毁。

根据以上案情，请回答：本案应当如何处理？为什么？

第八章
票 据 法

学习目标：
- □ 了解票据的概念和特征
- □ 掌握票据权利的取得以及补救措施
- □ 掌握汇票、本票和支票的主要法律规定

【案例导入】
2017年4月10日，甲、乙两个企业签订了250万元的买卖合同。根据合同约定，乙企业于4月20日向甲企业发货后，甲企业向乙企业签发了支票，但甲企业在支票上未记载支票金额，授权乙企业补记。出票日期为2017年5月1日，付款人为丙银行。乙企业在支票上补记金额后，于2017年5月10日向丙银行提示付款，但甲企业的银行账户上只有50万元。

请问：(1) 甲企业在出票时未记载金额即将支票交给乙企业，该支票是否有效？为什么？(2) 对于甲企业签发空头支票的行为，应承担什么法律责任？(3) 如果乙企业于2017年5月20日向银行提示付款，甲企业的票据责任能否解除？为什么？

第一节 票据法概述

一、票据的概念和特征

（一）票据的概念

票据，是指出票人依法签发的，由自己或委托他人于到期日或者见票时无条件支付一定金额给收款人或持票人的一种有价证券，包括汇票、本票和支票。

提示：广义上的票据包括股票、国库券、公司债券、发票、仓单、提单等在内的各种有价证券和凭证。

（二）票据的法律特征

1. 票据是出票人依法签发的有价证券。票据作为一种特殊的有价证券，它与股票、债券和提单等完全不同。对于不同的票据，法律规定了不同的形式，出票人必须按照法律规定的要求签发相关的票据，才会得到法律的保护。

2. 票据是一种要式证券。票据必须具备法定形式才能发生效力，因为票据的签发和转让是以支付票据上的金额为目的，具有极强的流通作用，如果不遵循法律规定的形式，就难以保证票据的安全，更谈不上维护付款人和收款人的合法权益。

3. 票据是一种无因证券。权利人享有票据权利仅以持有票据为必要，当票据的持有人向付款人提示票据时，即使票据取得的原因有瑕疵甚至无效，付款人也应无条件地向持票人或收款人支付票据金额。

4. 票据是一种文义证券。票据当事人的一切权利、义务都依票据上记载的文义来确定，其他任何利益冲突、解释或者履行上的不同意见一般都不能获得法律的支持和保护。

二、票据的种类

我国《票据法》将票据分为汇票、本票和支票三种。

1. 汇票。是指出票人委托他人于到期日无条件支付一定金额给受款人的票据。

汇票在出票时有三个当事人：出票人，即签发汇票的人；收款人，即持汇票向付款人请求付款的人；付款人，即受出票人的委托向受款人付款的人。

2. 本票。是指出票人自己于到期日无条件支付一定金额给受款人的票据。

本票在出票时只有两个当事人：出票人，即签发本票并负付款义务的人；受款人，即持本票向出票人请求付款的人。

3. 支票。是指出票人委托银行或其他法定金融机构于见票时无条件支付一定金额给受款人的票据。

支票在出票时有三个当事人：出票人，即签发支票的人；受款人，即持支票向付款人请求付款的人；付款人，即银行或其他法定金融机构。

三、票据法律关系和票据基础关系

（一）票据法律关系

1. 概念。票据法律关系是指当事人之间因设立、变更或消灭票据上的权利义务而形成的债权债务关系。

2. 分类。票据法律关系包括票据关系和票据上的非票据关系。

（二）票据关系

1. 概念。票据关系是指基于票据行为而在当事人之间所发生的特定的债权债务关系。

2. 票据关系的当事人。即票据法律关系主体，是指票据法律关系中享有票据权利、承担票据义务的当事人，包括基本当事人和非基本当事人两种。

(1) 基本当事人。是指在票据发行时就业已存在的当事人，是构成票据法律关系的必要主体，包括出票人、收款人和付款人。在汇票及支票上有出票人、收款人和付款人，在本票上有出票人和收款人。

(2) 非基本当事人。是指在票据发出后通过各种票据行为加入票据关系而享有一定权利、承担义务的当事人，包括承兑人、背书人、被背书人和保证人等。

> **知识链接**
>
> 票据关系当事人之间以发生、变更或终止票据关系为目的而进行的法律行为叫票据行为。我国《票据法》规定的票据行为包括出票、背书、承兑和保证四种。

（三）非票据关系

1. 概念。非票据关系是指由票据法直接规定的、不是基于票据行为而发生的法律关系。
2. 种类。非票据关系的种类有原因关系、票据预约关系和资金关系三种。

原因关系，是指票据当事人之间授受票据的理由。如出票人与收款人之间签发和接受票据的理由、背书人和被背书人之间转让票据的理由等。

票据预约关系，是指票据当事人在授受票据之前，就票据的种类、金额、到期日、付款地等事项达成协议而产生的法律关系，即当事人之间授受票据的合同所产生的法律关系。

资金关系，是指汇票出票人和付款人、支票出票人与付款银行或其他资金义务人所发生的法律关系，即出票人之所以委托付款人进行付款的原因。

四、涉外票据的法律适用

（一）涉外票据的概念

涉外票据，是指出票、背书、承兑、保证、付款等行为中，既有发生在我国境内又有发生在我国境外的票据。

提示：涉外票据不是以持票人或出票人为外国人作为标准来界定的，而是以在同一个票据上出现了涉外的票据行为为依据的。

（二）涉外票据的法律适用

1. 票据债务人的民事行为能力，适用其本国法律。票据债务人的民事行为能力，依照其本国法律为无民事行为能力或者为限制民事行为能力而依照行为地法律为完全民事行为能力的，适用行为地法律。

2. 汇票、本票出票时的记载事项，适用出票地法律。支票出票时的记载事项，适用出票地法律，经当事人协议，也可以适用付款地法律。

3. 票据的背书、承兑、付款和保证行为，适用行为地法律。

4. 票据追索权的行使期限，适用出票地法律。

5. 票据的提示期限、有关拒绝证明的方式、出具拒绝证明的期限，适用付款地法律。

6. 票据丧失时，失票人请求保全票据权利的程序，适用付款地法律。

第二节 汇　　票

一、汇票的概念

汇票，是指出票人签发的，委托付款人在见票时或者在指定日期无条件支付确定的金额给收款人或者持票人的票据。汇票是委付证券，包括三方当事人，即出票人、收款人和付款人。

汇票按照出票人的不同，可以分为银行汇票和商业汇票；按照付款日期的不同，可以分为见票即付、定日付款、出票后定期付款和见票后定期付款。

二、出票

（一）出票行为

出票，是指出票人签发票据并将其交付给收款人的一种票据行为。出票包括两个行为：一是出票人依据《票据法》的规定作成票据，即在原始票据上记载法定事项、签署自己的姓名以及加盖单位用于票据的公章；二是将作成的票据交付给收款人。

根据《票据法》的规定，汇票必须记载下列事项，否则汇票无效：

1. 表明"汇票"的字样；
2. 无条件支付的委托；
3. 确定的金额；
4. 付款人名称；
5. 收款人名称；
6. 出票日期；
7. 出票人签章。

（二）汇票未记载事项的认定

1. 汇票上未记载付款日期的，为见票即付；
2. 汇票上未记载付款地的，付款人的营业场所、住所或者经常居住地为付款地；
3. 汇票上未记载出票地的，出票人的营业场所、住所或者经常居住地为出票地。

（三）出票的效力

出票人在完成出票行为之后，即产生票据上的效力。具体表现为：

1. 对收款人的效力。收款人在接受出票人交付的汇票后，便取得了包括付款请求权和追索权在内的票据权利；
2. 对付款人的效力。付款人依法具有承兑人的地位，当其对汇票进行承兑后，便成为汇票上的主债务人；

3. 对出票人的效力。出票人签发汇票后，即承担保证该汇票承兑和付款的责任。

三、背书

（一）背书的概念

背书，是指在票据背面或者粘单上记载有关事项并签章的一种票据行为。转让人称为背书人，受让人称为被背书人。

（二）背书的记载事项

《票据法》规定，背书的法定记载事项包括背书人的签章和被背书人的名称，以及一项相对记载事项，即背书日期；如果没有记载，则视为汇票到期日前背书。同时又规定了背书不得记载的内容，一是背书不得附有条件；二是不得部分背书。

（三）背书要求

1. 汇票的背书应当连续，以表明汇票上的一切权利实现了由背书人向被背书人的转移，并起到票据权利担保的效力，当票据不获承兑或者不获付款时，背书人对于被背书人及其所有后手均负有偿还票款的义务。

2. 付款人或者其他债务人可以对持票人的范围和资格作出限制：

（1）出票人在汇票上记载"不得转让"字样的，汇票不得转让；

（2）背书人在汇票上记载"不得转让"字样，其后手再背书转让的，原背书人对后手的被背书人不承担保证责任；

（3）背书不得附有条件。背书时附有条件的，所附条件不具有汇票上的效力；

（4）背书须完整转让，将汇票金额的一部分转让的背书或者将汇票金额分别转让给两人以上的背书无效；

（5）背书记载"委托收款"字样的，被背书人有权代背书人行使被委托的汇票权利。但是，被背书人不得再以背书转让汇票权利；

（6）汇票被拒绝承兑、被拒绝付款或者超过付款提示期限的，不得背书转让；背书转让的，背书人应当承担汇票责任。

（四）质押背书

汇票可以设定质押，质押时应当以背书记载"质押"字样。被背书人依法实现其质押权时，可以行使汇票权利。

四、承兑

（一）承兑的概念

承兑，是指汇票付款人承诺在汇票到期日支付汇票金额的一种票据行为。具体地说，就是当付款人在汇票上加盖"承兑"印章并签章后，便成为该汇票的主债务人。

（二）提示承兑

提示承兑，是指持票人向付款人出示汇票，并要求付款人承诺付款的行为。除见票即付的汇票外，其他汇票都必须提示承兑。

由于付款日期的不同，各种汇票的提示承兑期限也不尽相同。定日付款或者出票后定期付款的汇票，持票人应当在汇票到期日前向付款人提示承兑；见票后定期付款的汇票，持票人应当自出票日起 1 个月内向付款人提示承兑。汇票未按照规定期限提示承兑的，持票人丧失对其前手的追索权。

想一想：
为什么见票即付的汇票无需提示承兑？

（三）承兑要求

1. 付款人对向其提示承兑的汇票，应当自收到提示承兑的汇票之日起 3 日内承兑或者拒绝承兑。

2. 付款人承兑汇票，不得附有条件；承兑附有条件的，视为拒绝承兑。

3. 付款人收到持票人提示承兑的汇票时，应当向持票人签发收到汇票的回单。回单上应当记明汇票提示承兑日期并签章。

4. 付款人承兑汇票的，应当在汇票正面记载"承兑"字样和承兑日期并签章；见票后定期付款的汇票，应当在承兑时记载付款日期。

五、保证

（一）保证的概念

汇票的保证，是指汇票的债务人以外的第三人以担保特定债务人履行汇票付款义务为目的，而在汇票上签章及记载必要事项的票据行为。

（二）保证事项的记载

保证人必须在汇票或粘单上记载下列事项：表明"保证"的字样；保证人名称和住所；被保证人的名称；保证日期；保证人签章。

（三）保证的效力

1. 保证人对合法取得汇票的持票人所享有的汇票权利，承担保证责任。但是，被保证人的债务因汇票记载事项欠缺而无效的除外。

2. 被保证的汇票，保证人应当与被保证人对持票人承担连带责任。

3. 汇票到期后被保证人不能付款的，持票人有权向保证人请求付款，保证人应当足额付款。保证人清偿汇票债务后，可以行使持票人对被保证人及其前手的追索权。

六、付款

（一）付款的概念

付款，是指付款人依据票据文义支付票据金额以收回汇票，从而消灭票据关系的行为。包括付款提示和支付两个程序。

（二）付款提示

付款提示是票据权利的保全和行使。如果持票人在法定期限内未提示付款，则丧失对其前手的追索权，但在作出说明后，承兑人或付款人仍应继续对持票人承担付款责任。

付款提示的法定期限为：见票即付的汇票，自出票日起 1 个月内向付款人提示付款；定日付款、出票后定期付款或者见票后定期付款的汇票，自到期日起 10 日内向承兑人提示付款。

（三）付款要求

1. 持票人在法定期限内提示付款的，付款人必须在当日足额付款。
2. 汇票可以由付款人亲自支付，也可以由付款代理人代为支付。
3. 持票人获得付款的，应当在汇票上签收，并将汇票交给付款人。
4. 持票人委托银行收款的，受委托的银行将代收的汇票金额转账收入持票人账户，视同签收。

七、追索权

（一）追索权的概念

追索权，是指汇票的持票人不能如期获得票据款项，在实施行使或保全票据权利后，向其前手请求偿还票据金额、利息及其他法定款项的一种票据权利。

（二）追索权的主体

《票据法》规定，汇票到期被拒绝付款的，持票人可以对背书人、出票人以及汇票的其他债务人行使追索权。追索权是持票人在第一次请求付款遭到拒绝后行使的第二次请求权。追索权中的偿债义务人包括汇票的出票人、背书人、承兑人和保证人，他们共同对持票人承担连带责任。

（三）追索权的对象

持票人行使追索权，可以请求偿债义务人支付下列金额和费用：
1. 被拒绝付款的汇票金额；
2. 汇票金额自到期日或者提示付款日起至清偿日止，按照中国人民银行规定的利率计算的利息；
3. 取得有关拒绝证明和发出通知书的费用。

（四）追索权的行使

1. 追索权行使的条件。汇票到期日前，有下列情形之一的，持票人可以行使追索权：

（1）汇票被拒绝承兑的；（2）承兑人或者付款人死亡、逃匿的；（3）承兑人或者付款人被依法宣告破产的或者因违法被责令终止业务活动的。这里需要注意的是，当持票人提示承兑或提示付款而不获承兑或不获付款时，应在法定期限内作成拒绝证明以保全证据。

2. 追索权行使的程序。持票人应当自收到被拒绝承兑或者被拒绝付款的有关证明之日起 3 日内，将被拒绝事由书面通知其前手；其前手应当自收到通知之日起 3 日内书面通知其再前手。持票人也可以同时向各汇票债务人发出书面通知。持票人未按规定期限通知的，仍可以行使追索权。因延期通知给其前手或者出票人造成损失的，由没有按规定期限通知的汇票当事人，承担对该损失的赔偿责任，但所赔偿的金额以汇票金额为限。

3. 追索权行使的特别规定。持票人在行使追索权时可以不按照汇票债务人的先后顺序，对其中任何一人、数人或者全体行使追索权。当持票人对汇票债务人中的一人或者数人已经进行追索的，对其他汇票债务人仍可以行使追索权。但持票人为出票人的，对其前手无追索权；持票人为背书人的，对其后手无追索权。

第三节　本　　票

一、本票的概念

（一）本票的概念

本票，是指由出票人签发的，承诺自己在见票时无条件支付确定的金额给收款人或者持票人的票据。我国《票据法》上所指的本票仅指银行本票，不包括商业本票，更不包括个人本票。

（二）本票的特点

1. 本票是自付票据。本票由出票人自己对持票人付款，而不像汇票和支票那样委托银行付款。

2. 本票基本当事人少。本票的基本当事人只有出票人和收款人两个，与汇票和支票相比，在很多情况下少了付款人这个基本当事人。

3. 本票无须承兑。本票在很多方面与汇票相似，汇票的背书、保证、付款和追索等法律制度对本票也适用。由于本票无须委托银行付款，所以本票不用承兑也能保证付款。

> **名词释义**
>
> **银行本票**：是指由银行签发的，承诺自己在见票时无条件支付确定的金额给收款人或持票人的票据。银行本票有定额和不定额两种。定额银行本票的面额为 1 000 元、5 000 元、10 000 元和 50 000 元。

二、出票

（一）出票人的资格

《票据法》规定，本票的出票人必须具有支付本票金额的可靠资金来源，并保证支付。而银行担负维护正常结算秩序的任务，对签发本票持谨慎态度，因此本票的出票人一般资信状况都很好。正因为如此，本票是交易活动中最被普遍欢迎的一种支付工具，具有极高的信用。

（二）本票必须记载的事项

《票据法》对本票的要求和汇票相同，其目的都是为了保证票据的流通质量，维护收款人与持票人的合法权益。下列本票的记载事项缺一不可，否则本票无效：

1. 表明"本票"的字样。定额本票由人民银行印制并发行，不定额本票由各银行按人民银行规定的统一格式印制和发行。凡不符合格式，或者用其他票据、单据所代替的本票都是无效本票。

2. 无条件支付的承诺。银行本票，顾名思义就是先将款项存入银行，因而承诺付款便因出票人留在银行的信用而得到充分的保障。

3. 确定的金额。包括确定货币种类，而且规定货币的大写金额和小写金额必须完全一致，否则本票无效。

4. 收款人名称。必须填写真实姓名及全称，以便纠纷发生时，可以确定票据主体资格。

5. 出票日期。它既关系到持票人本票权利期限的基准点，也是收款人票据权利开始计算的起点。

6. 出票人签章。单位在票据上的签章，应为该单位的公章或财务专用章并加盖单位法定代表人或其授权代理人的签章。

（三）本票可任意记载的事项

本票可任意记载的事项，与汇票基本相同，主要有：

1. 本票到期后的利率、利息的计算；
2. 本票据是否禁止转让；
3. 是否缩短付款的提示期限；
4. 在发生拒绝付款时对其他债务人通知事项的约定；
5. 免除或拒绝证书的约定。

（四）出票行为

本票的出票行为，适用汇票的有关规定。

想一想：

本票需要承兑吗？为什么？

三、付款

（一）提示付款

本票的出票人在持票人提示见票时，必须承担付款责任。所谓见票是指收款人或持票人以本票原件出示给出票人检查，如果本票上的背书及有关记载没有违反《票据法》的相关规定，出票人应当足额付款。

（二）付款期限

银行本票是见票付款的票据，收款人或持票人在取得银行本票后，随时可以向出票人请求付款。为了防止收款人或持票人久不提示票据而给出票人造成不利，《票据法》规定，本票自出票日起，付款期限最长不得超过2个月。

（三）提示付款的相关权利

提示付款是持票人请求出票人履行义务的要式表示行为，在一定期限内提示可以获得确定的本票金额。当不能获得时，提示便成为持票人曾经行使过第一次付款请求权的证明，从而可以向本票的其他债务人行使第二次请求权，即追索权。如果本票的持票人未按照规定期限提示见票的，则丧失对出票人以外的前手的追索权。

四、对汇票有关规定的引用

本票的背书、保证、付款行为和追索权的行使，除本票自身的规定外，适用《票据法》有关汇票的规定。

第四节 支 票

一、支票的概念和种类

（一）支票的概念

支票是出票人签发的，委托办理支票存款业务的银行或者其他金融机构在见票时无条件支付确定的金额给收款人或者持票人的票据。

支票与汇票相同，是一种委付证券，其基本当事人有三个：出票人、收款人和付款人。支票与汇票和本票相比，有两个显著的特点：一是以银行或其他金融机构作为付款人；二是见票即付。

（二）支票的种类

支票按照支付票款的方式可以分为：

1. 普通支票。这种支票未印有"现金"或"转账"字样,既可以用来支取现金,也可以用来转账。用于转账时,应当在支票正面注明。

2. 现金支票。支票中专门用于支取现金的,可以另行制作现金支票,现金支票只能用于支取现金。

3. 转账支票。支票中专门用于转账的,可以另行制作转账支票,转账支票只能用于转账,不得支取现金。在实践中,我国大都采用的是现金支票和转账支票。

二、出票

(一) 出票的概念

支票的出票与汇票相同。只有在有权利办理支票业务的银行机构开立可以使用支票的存款账户的单位和个人,才可以签发支票,成为出票人。

(二) 支票必须记载的事项

1. 支票必须记载的事项有:(1) 表明"支票"的字样;(2) 无条件支付的委托;(3) 确定的金额;(4) 付款人名称;(5) 出票日期;(6) 出票人签章。支票上未记载上述规定事项之一的,支票无效。

2. 为了发挥支票灵活便利的特点,《票据法》规定了两项必须记载的事项可以通过授权补记的方式记载:(1) 支票上的金额可以由出票人授权补记,未补记前的支票,不得使用;(2) 支票上未记载收款人名称的,经出票人授权,可以补记。

想一想:
三种票据必须记载的事项有什么不同?

(三) 支票相对应记载的事项

1. 付款地。支票上未记载付款地的,付款人的营业场所为付款地。
2. 出票地。支票上未记载出票地的,出票人的营业场所、住所或者经常居住地为出票地。

(四) 出票的其他法定条件

支票的出票行为除必须按照法定格式签发票据外,还应当符合下列法定条件:

1. 支票的出票人所签发的支票金额不得超过其付款时在付款人处实有的存款金额。如果出票人签发的支票金额超过其付款时在付款人处实有的存款金额时,为空头支票。签发空头支票在我国是一种违法行为,其责任人有可能被追究刑事责任。

2. 支票的出票人不得签发与其预留本名的签名式样或者印鉴不符的支票。

(五) 出票的效力

《票据法》规定,出票人必须按照签发的支票金额承担保证向该持票人付款的责任。这一责任包括下列两项内容:一是出票人在付款人处必须存有足以支付支票金额的款项;二是当付款人对支票拒绝付款或者超过提示付款期限付款人不予付款的,出票人仍应当对持票人承担票据责任。

三、付款

（一）提示付款

《票据法》规定，支票的持票人应当自出票日起 10 日内提示付款；异地使用的支票，其提示付款的期限由中国人民银行另行规定。超过提示付款期限的，付款人可以拒绝付款。

（二）付款

持票人在提示期间内以支票原件出示给付款人检查，如果支票上的背书及有关记载没有违反《票据法》的相关规定，付款人应当付款。

《票据法》规定，出票人在付款人处的存款足以支付支票金额时，付款人应当在当日足额付款。

（三）付款责任的解除

付款人依法支付支票金额的，对出票人不再承担受委托付款的责任，对持票人不再承担付款的责任。但是，付款人以恶意或者有重大过失付款的除外。

四、支票准用汇票的有关规定

支票的背书、付款行为和追索权的行使，以及支票的出票行为除本票自身的规定外，适用《票据法》有关汇票的规定。

练习与实训

一、单项选择题

1. 下列（　　）不是我国《票据法》所规定的票据。
   A. 股票　　　　B. 支票　　　　C. 本票　　　　D. 汇票
2. 涉外票据追索权的行使期限适用（　　）地方的法律。
   A. 行为地　　　B. 付款地　　　C. 出票地　　　D. 付款人住所地
3. 见票即付的汇票，持票人自出票日起（　　）内向付款人提示付款。
   A. 7 日　　　　B. 15 日　　　C. 1 个月　　　D. 3 个月
4. 由出票人签发的，承诺自己在见票时无条件支付确定的金额给收款人或者持票人的票据是指（　　）。
   A. 本票　　　　B. 支票　　　　C. 银行汇票　　D. 商业汇票
5. 本票自出票日起，付款期限最长不得超过（　　）个月。
   A. 1　　　　　B. 2　　　　　C. 3　　　　　D. 6
6. 支票上未记载付款地的，付款地为（　　）。
   A. 付款人的营业场所　　　　　　B. 收款人的营业场所

C. 出票人的营业场所　　　　　　　　D. 保证人的营业场所
7. 下列各项中，属于支票必须记载的事项有(　　)。
   A. 出票日期　　B. 保证日期　　C. 付款日期　　D. 背书日期
8. 支票的持票人应当自出票日起(　　)日内提示付款。
   A. 5　　B. 10　　C. 15　　D. 20

二、多项选择题

1. 票据的基本特征有(　　)。
   A. 有价证券　　B. 要式证券　　C. 无因证券　　D. 文义证券
2. 《票据法》规定的票据行为有(　　)。
   A. 出票　　B. 背书　　C. 承兑　　D. 保证
3. 汇票是委付证券，汇票关系的基本当事人有(　　)。
   A. 出票人　　B. 收款人　　C. 付款人　　D. 保证人
4. 下列汇票中，需要提示承兑的有(　　)。
   A. 见票即付的汇票　　　　　　　　B. 出票后定期付款的汇票
   C. 定日付款的汇票　　　　　　　　D. 见票后定期付款的汇票
5. 汇票保证人必须在汇票或粘单上签章并记载下列事项(　　)。
   A. 表明"保证"的字样　　　　　　B. 保证人名称和住所
   C. 被保证人的名称　　　　　　　　D. 保证日期
6. 下列关于本票的表述中，正确的有(　　)。
   A. 本票由出票人自己对持票人付款　B. 本票无须承兑
   C. 本票的基本当事人只有出票人和收款人　D. 本票必须记载付款日期
7. 定额银行本票的面额有(　　)。
   A. 500元　　B. 1 000元　　C. 2 000元　　D. 5 000元
8. 支票按照支付票款的方式可以分为(　　)。
   A. 现金支票　　B. 实物支票　　C. 转账支票　　D. 普通支票

三、判断题

1. 背书不得附有条件，否则背书无效。(　　)
2. 涉外票据，是指出票、背书、承兑、保证、付款等行为中，涉及外国人士的票据。(　　)
3. 见票即付的汇票必须提示承兑。(　　)
4. 持票人所取得的汇票是否合法，不影响其享有的汇票权利，保证人必须承担保证责任。(　　)
5. 银行本票是见票付款的票据。(　　)
6. 支票上未记载付款地的，付款人的营业场所为付款地。(　　)
7. 支票印有"现金"或"转账"字样，既可以用来支取现金，也可以用来转账。用于转账时，应当在支票正面注明。(　　)
8. 当付款人在汇票上加盖"承兑"印章并签章后，便成为该汇票的主债务人。(　　)

四、案例分析题

案例一

A公司签发一张银行承兑汇票,该汇票由甲银行承兑,收款人为B公司,B公司收到汇票后背书转让给C公司。C公司未背书就将汇票交付给D公司。D公司随后将其背书转让给E公司。汇票到期后,E公司填写了委托收款凭证并附上承兑汇票,经其开户银行乙银行向甲银行委托收款,甲银行以该汇票背书不连续为由予以退票。

根据以上案情,请回答:甲银行的做法是否正确,为什么?

案例二

甲公司向乙工厂购进一套设备,价值100万元。甲公司开出一张由甲公司为出票人和付款人,乙工厂为收款人,付款期限为6个月的商业承兑汇票;同时,丙公司对汇票作了保证,保证甲公司到期承兑该汇票。付款期满后,由于甲公司财务发生危机,无法付款,乙工厂便要求丙公司支付该笔款项。

根据以上案情,请回答:丙公司是否有义务支付该笔款项,为什么?

第九章 劳动法

学习目标：
- □ 了解劳动法和劳动合同的概念
- □ 掌握劳动者的基本权利和义务
- □ 掌握劳动合同的订立、履行、解除和终止
- □ 能够运用所学劳动法律知识，分析和解决实践中发生的劳动争议

【案例导入】

王某系红鹰科技有限公司（下称"公司"）员工，与公司签订了为期3年的劳动合同，期限为2013年9月1日至2016年8月31日，月工资1800元。2016年3月3日，该公司向王某出具了一份解除劳动关系通知书，内容是王某违反了该公司《员工手册》中的"合同期内不准结婚"的规定，故决定与王某解除劳动关系。王某不服，向公司所在地劳动争议仲裁委员会申诉。

请问：（1）王某认为单位未提前30天通知解除劳动关系，应额外支付一个月工资，这一请求劳动争议仲裁委员会是否支持？为什么？（2）公司解除与王某劳动合同的依据是否成立？为什么？（3）王某认为公司无法定理由解除劳动合同，在支付经济补偿金外还应额外支付经济赔偿金，这一请求是否合法？为什么？

第一节 劳动法概述

一、劳动法的概念和立法概况

（一）劳动法的概念

劳动法是调整劳动关系以及与劳动关系密切联系的其他社会关系的法律规范的总和。

（二）我国劳动法立法概况

我国劳动法体系虽然还不够完善，但经过多年的努力，我国劳动法体系已基本形成。我国劳动法律法规主要包括：

1. 1994 年 7 月 5 日颁布的《中华人民共和国劳动法》（2009 年 8 月第一次修正）；
2. 1999 年 1 月 22 日颁布的《中华人民共和国失业保险条例》；
3. 2003 年 4 月 27 日颁布的《中华人民共和国工伤保险条例》（2010 年 12 月第一次修订）；
4. 2007 年 6 月 29 日颁布的《中华人民共和国劳动合同法》（2012 年 12 月第一次修正）；
5. 2007 年 12 月 29 日颁布的《中华人民共和国劳动争议调解仲裁法》；
6. 2008 年 9 月 18 日颁布的《中华人民共和国劳动合同法实施条例》；
7. 2010 年 10 月 28 日颁布的《中华人民共和国社会保险法》。

二、劳动法的适用范围

《劳动法》第二条明确规定，在中华人民共和国境内的企业、个体经济组织和与之形成劳动关系的劳动者，适用劳动法；国家机关、事业组织、社会团体和与之建立劳动合同关系的劳动者，依照劳动法执行。

想一想：

如果你所在学校的老师与学校之间关于职称、工资等发生争议，那么是否适用《劳动法》呢？为什么？

三、我国劳动者的基本权利和义务

（一）劳动者的基本权利

1. 平等就业和选择职业的权利；
2. 取得劳动报酬的权利；
3. 休息休假的权利；
4. 获得劳动安全卫生保护的权利；
5. 参加职业技能培训的权利；
6. 享受社会保险和福利的权利；
7. 提请劳动争议处理的权利。

（二）劳动者的义务

1. 完成劳动任务的义务；
2. 提高职业技能的义务；
3. 执行劳动安全卫生规程的义务；
4. 遵守劳动纪律和职业道德的义务。

第二节 劳动合同

一、劳动合同的概念和种类

（一）劳动合同的概念及其特征

1. 劳动合同的概念。劳动合同是劳动者与用人单位确立劳动关系、明确双方权利和义务的书面协议。

2. 劳动合同的特征。劳动合同除了具有合同的一般特征外，还具有以下特征：（1）劳动合同的主体是劳动者和用人单位；（2）劳动合同内容是《劳动法》上规定的权利和义务；（3）劳动合同的标的是劳动行为；（4）劳动合同是双务有偿合同。

想一想：
劳动合同与一般民事合同有何区别？

（二）劳动合同的种类

1. 有固定期限的劳动合同；
2. 无固定期限的劳动合同；
3. 以完成一定工作为期限的劳动合同。

二、劳动合同的订立

（一）劳动合同订立的要求

1. 订立劳动合同，应当遵循平等自愿、协商一致的原则。劳动合同由用人单位与劳动者协商一致，并经用人单位与劳动者在劳动合同文本上签字或者盖章生效。劳动合同文本由用人单位和劳动者各执一份。

2. 企业与劳动者订立劳动合同时，必须查验劳动者终止或解除劳动合同的证明，确保劳动者与其他用人单位不存在劳动关系，方可与其签订劳动合同。

3. 订立劳动合同时，劳动者一方不得由他人代替。劳动合同必须由建立劳动关系的劳动者本人签订，由企业工会代表或其他人代替劳动者签订劳动合同的做法都是违法的。

4. 订立劳动合同时，用人单位不得扣押劳动者的居民身份证和其他证件，不得要求劳动者提供担保或者以其他名义向劳动者收取财物。

5. 劳动合同中约定试用期的，应当符合《劳动合同法》的规定。

（1）劳动合同期限 3 个月以上不满 1 年的，试用期不得超过 1 个月；劳动合同期限 1 年以上不满 3 年的，试用期不得超过 2 个月；3 年以上固定期限和无固定期限的劳动合同，试用期不得超过 6 个月。

(2) 同一用人单位与同一劳动者只能约定一次试用期。

(3) 以完成一定工作任务为期限的劳动合同或者劳动合同期限不满 3 个月的，不得约定试用期。

(4) 试用期包含在劳动合同期限内。劳动合同仅约定试用期的，试用期不成立，该期限为劳动合同期限。

6. 订立劳动合同时，约定违约金条款的，必须符合《劳动合同法》的规定。除《劳动合同法》规定的两种法定情形外，用人单位不得与劳动者约定由劳动者承担违约金（后面将讲述）。

7. 建立劳动关系，应当订立书面劳动合同。已建立劳动关系，未同时订立书面劳动合同的，应当自用工之日起 1 个月内订立书面劳动合同。

(二) 劳动合同的形式
我国《劳动法》和《劳动合同法》均规定，劳动合同应当采用书面形式。

(三) 劳动合同的内容
《劳动合同法》第十七条规定，劳动合同应当具备以下条款：

1. 用人单位的名称、住所和法定代表人或者主要负责人；
2. 劳动者的姓名、住址和居民身份证或者其他有效身份证件号码；
3. 劳动合同期限；
4. 工作内容和工作地点；
5. 工作时间和休息休假；
6. 劳动报酬；
7. 社会保险；
8. 劳动保护、劳动条件和职业危害防护；
9. 法律、法规规定应当纳入劳动合同的其他事项。

> **名词释义**
>
> **社会保险**：是指国家通过立法手段，在劳动者因养老、患病、工伤、失业、生育及死亡等原因，暂时或永久失去生活来源的时候，由社会给予一定的物质帮助的社会保障制度。

劳动合同除前述的必备条款外，用人单位与劳动者可以约定试用期、培训、保守秘密、补充保险和福利待遇等其他事项。

(四) 劳动合同中的违约金条款
根据《劳动合同法》的有关规定，除以下两种情形外，用人单位不得与劳动者约定由劳动者承担违约金：

1. 用人单位为劳动者提供专项培训费用，对其进行专业技术培训的，可以与该劳动者订立协议，约定服务期。劳动者违反服务期约定的，应当按照约定向用人单位支付违约金。违约金的数额不得超过用人单位提供的培训费用。用人单位要求劳动者支付的违约金不得超过服务期尚未履行部分所应分摊的培训费用。

2. 用人单位与劳动者可以在劳动合同中约定保守用人单位的商业秘密和与知识产权相关的保密事项。对负有保密义务的劳动者，用人单位可以在劳动合同或者保密协议中与劳动者约定竞业限制条款，并约定在解除或者终止劳动合同后，在竞业限制期限内按月给予劳动者经济补偿。劳动者违反竞业限制约定的，应当按照约定向用人单位支付违约金。

（五）劳动合同的无效

无效的劳动合同是指由当事人签订成立而国家不予承认其法律效力的劳动合同。

根据《劳动合同法》的有关规定，下列劳动合同无效或者部分无效：

1. 以欺诈、胁迫的手段或者乘人之危，使对方在违背真实意思的情况下订立或者变更劳动合同的；

2. 用人单位免除自己的法定责任、排除劳动者权利的；

3. 违反法律、行政法规强制性规定的。

对劳动合同的无效或者部分无效有争议的，由劳动争议仲裁机构或者人民法院确认。劳动合同部分无效，不影响其他部分效力的，其他部分仍然有效。劳动合同被确认无效，劳动者已付出劳动的，用人单位应当向劳动者支付劳动报酬。劳动报酬的数额，参照本单位相同或者相近岗位劳动者的劳动报酬确定。

三、劳动合同的履行与变更

（一）劳动合同的履行

劳动合同的履行，是指劳动合同双方当事人严格按照劳动合同的约定，全面履行各自的义务，享有各自的权利。

用人单位与劳动者应当按照劳动合同的约定，全面履行各自的义务。用人单位应当按照劳动合同约定和国家规定，向劳动者及时足额支付劳动报酬。用人单位拖欠或者未足额支付劳动报酬的，劳动者可以依法向当地人民法院申请支付令，人民法院应当依法发出支付令。

用人单位应当严格执行劳动定额标准，不得强迫或者变相强迫劳动者加班。用人单位安排加班的，应当按照国家有关规定向劳动者支付加班费。

提示： 有下列情形之一的，用人单位应当按照下列标准支付高于劳动者正常工作时间工资的工资报酬：（1）安排劳动者延长工作时间的，支付不低于工资的150%的工资报酬；（2）休息日安排劳动者工作又不能安排补休的，支付不低于工资的200%的工资报酬；（3）法定休假日安排劳动者工作的，支付不低于工资的300%的工资报酬。

劳动者拒绝用人单位管理人员违章指挥、强令冒险作业的，不视为违反劳动合同。劳动者对危害生命安全和身体健康的劳动条件，有权对用人单位提出批评、检举和控告。

（二）劳动合同的变更

劳动合同的变更是指劳动合同依法订立后，在合同尚未履行或者尚未履行完毕之前，经用人单位和劳动者双方当事人协商同意，对劳动合同内容作部分修改、补充或者删减的法律行为。

用人单位与劳动者协商一致，可以变更劳动合同约定的内容。变更劳动合同，应当采用书面形式。变更后的劳动合同文本由用人单位和劳动者各执一份。

劳动合同的变更主要反映在四个方面：一是生产或者工作任务的增加或减少；二是劳动合同期限的延长或缩短；三是劳动者工种或职务的变化或变动；四是对劳动者支付劳动报酬的增加或减少。

四、劳动合同的解除与终止

（一）劳动合同的解除

1. 双方协议解除劳动合同。根据《劳动法》和《劳动合同法》的规定，用人单位与劳动者协商一致，可以解除劳动合同。

2. 劳动者单方解除劳动合同。根据《劳动合同法》第三十八条的规定，用人单位有下列情形之一的，劳动者可以解除劳动合同：

（1）未按照劳动合同约定提供劳动保护或者劳动条件的；
（2）未及时足额支付劳动报酬的；
（3）未依法为劳动者缴纳社会保险费的；
（4）用人单位的规章制度违反法律、法规的规定，损害劳动者权益的；
（5）因《劳动合同法》第二十六条第一款规定的情形致使劳动合同无效的；
（6）法律、行政法规规定劳动者可以解除劳动合同的其他情形。

用人单位以暴力、威胁或者非法限制人身自由的手段强迫劳动者劳动的，或者用人单位违章指挥、强令冒险作业危及劳动者人身安全的，劳动者可以立即解除劳动合同，不需事先告知用人单位。

3. 用人单位单方解除劳动合同。根据《劳动合同法》第三十九条的规定，劳动者有下列情形之一的，用人单位可以解除劳动合同：

（1）在试用期间被证明不符合录用条件的；
（2）严重违反用人单位的规章制度的；
（3）严重失职，营私舞弊，给用人单位造成重大损害的；
（4）劳动者同时与其他用人单位建立劳动关系，对完成本单位的工作任务造成严重影响，或者经用人单位提出，拒不改正的；
（5）因《劳动合同法》第二十六条第一款第一项规定的情形致使劳动合同无效的；
（6）被依法追究刑事责任的。

4. 用人单位解除劳动合同的限制。根据《劳动合同法》第四十二条的规定，劳动者有下列情形之一的，用人单位不得解除劳动合同：

（1）从事接触职业病危害作业的劳动者未进行离岗前职业健康检查，或者疑似职业病病人在诊断或者医学观察期间的；
（2）在本单位患职业病或者因工负伤并被确认丧失或者部分丧失劳动能力的；
（3）患病或者非因工负伤，在规定的医疗期内的；
（4）女职工在孕期、产期、哺乳期的；

名词释义

工伤：又称职业伤害、工作伤害，是指劳动者在从事职业活动或者与职业责任有关的活动时所遭受的事故伤害和职业病伤害。

（5）在本单位连续工作满15年，且距法定退休年龄不足5年的；
（6）法律、行政法规规定的其他情形。

（二）劳动合同的终止

1. 劳动合同终止的概念。劳动合同终止是指劳动合同的法律效力依法被消灭，即劳动关系由于一定法律事实的出现而终结，劳动者与用人单位之间原有的权利义务不再存在。

2. 劳动合同终止的法定情形。根据《劳动合同法》第四十四条的规定，有下列情形之一的，劳动合同终止：
（1）劳动合同期满的；
（2）劳动者开始依法享受基本养老保险待遇的；
（3）劳动者死亡，或者被人民法院宣告死亡或者宣告失踪的；
（4）用人单位被依法宣告破产的；
（5）用人单位被吊销营业执照、责令关闭、撤销或者用人单位决定提前解散的；
（6）法律、行政法规规定的其他情形。

（三）劳动合同解除和终止的经济补偿

1. 劳动合同解除的经济补偿。
（1）用人单位存在《劳动合同法》第三十八条所规定的情形，导致劳动者解除劳动合同的，应当向劳动者支付经济补偿。
（2）用人单位依照《劳动合同法》第三十六条规定向劳动者提出解除劳动合同并与劳动者协商一致解除劳动合同的，应当向劳动者支付经济补偿。

想一想：

劳动者依法向用人单位提出解除劳动合同并与用人单位协商一致解除劳动合同的，用人单位是否应当向劳动者支付经济补偿？为什么？

（3）用人单位依照《劳动合同法》第四十条规定解除劳动合同的，应当向劳动者支付经济补偿。
（4）用人单位依照《劳动合同法》第四十一条第一款规定解除劳动合同的，应当向劳动者应当支付经济补偿。

2. 劳动合同终止的经济补偿。
（1）除用人单位维持或者提高劳动合同约定条件续订劳动合同，劳动者不同意续订的情况外，依照《劳动合同法》第四十四条第一项规定终止固定期限劳动合同的，应当向劳动者支付经济补偿。劳动合同期满时，如果用人单位同意续订劳动合同，但降低劳动合同约定条件，劳动者不同意续订的，劳动合同终止，用人单位应当支付经济补偿；如果用人单位不同意续订，无论劳动者是否同意续订，劳动合同终止，用人单位应当向劳动者支付经济补偿。
（2）依照《劳动合同法》第四十四条第四项、第五项规定终止劳动合同的，应当向劳动者支付经济补偿。

第三节　劳动争议的处理

一、劳动争议的概念和特征

（一）劳动争议的概念

所谓劳动争议也叫劳动纠纷，是指劳动关系当事人即劳动者与用人单位之间，在执行劳动法律法规和劳动合同的过程中，就劳动权利义务发生争执引起的纠纷。

> **知识链接**
>
> 劳动争议的类型归纳起来可分为五种：一是去职纠纷；二是管理纠纷；三是待遇纠纷；四是劳动合同纠纷；五是其他劳动争议案件。

（二）劳动争议的特征

1. 劳动争议主体是用人单位和劳动者；
2. 劳动争议主体之间必须存在劳动关系，而且劳动争议是在这种劳动关系存续期间发生的；
3. 劳动争议主体之间存在单向隶属关系；
4. 劳动争议的内容必须与劳动权利义务有关。

（三）劳动争议的解决途径

1. 协商。劳动争议发生后，尤其是工伤待遇争议发生后，双方当事人应当首先进行协商，以达成解决方案。这是最为常见的、也往往是双方都容易接受的。
2. 调解。就是企业调解委员会对本单位发生的劳动争议进行调解。
3. 仲裁。劳动争议调解不成的，当事人可以向劳动争议仲裁委员会申请仲裁。当事人也可以不经调解直接向劳动争议仲裁委员会申请仲裁。

提示：《中华人民共和国劳动争议调解仲裁法》第二十七条规定，劳动争议申请仲裁的时效期间为1年。仲裁时效期间从当事人知道或者应当知道其权利被侵害之日起计算。

4. 诉讼。当事人对《中华人民共和国劳动争议调解仲裁法》第四十七条规定以外的其他劳动争议案件的仲裁裁决不服的，可以自收到仲裁裁决书之日起15日内向人民法院提起诉讼；期满不起诉的，裁决书发生法律效力。

（四）劳动争议调解仲裁法的适用范围

中华人民共和国境内的用人单位与劳动者发生的下列劳动争议，适用《中华人民共和国劳动争议调解仲裁法》：

1. 因确认劳动关系发生的争议；
2. 因订立、履行、变更、解除和终止劳动合同发生的争议；
3. 因除名、辞退和辞职、离职发生的争议；
4. 因工作时间、休息休假、社会保险、福利、培训以及劳动保护发生的争议；
5. 因劳动报酬、工伤医疗费、经济补偿或者赔偿金等发生的争议；
6. 法律、法规规定的其他劳动争议。

二、劳动争议调解

（一）劳动争议调解组织

在用人单位内，可以设立企业劳动争议调解委员会。企业劳动争议调解委员会由职工代表和企业代表组成。职工代表由工会成员担任或者由全体职工推举产生，企业代表由企业负责人指定。企业劳动争议调解委员会主任由工会成员或者双方推举的人员担任。

> **知识链接**
>
> 发生劳动争议，当事人可以到下列调解组织申请调解：（1）企业劳动争议调解委员会；（2）依法设立的基层人民调解组织；（3）在乡镇、街道设立的具有劳动争议调解职能的组织。

（二）劳动争议调解程序

1. 申请与受理。

（1）当事人申请调解，应当自知道或应当知道其权利被侵害之日起 30 日内，以口头或书面形式向企业劳动争议调解委员会提出申请，并填写《劳动争议调解申请书》。

（2）企业劳动争议调解委员会应在 4 日内作出受理或不受理申请的决定，对不受理的，应向申请人说明理由。对调解委员会无法决定是否受理的案件，由调解委员会主任决定是否受理。

2. 调前准备。及时指派调解委员对争议事项进行全面调查核实，调查应作笔录，并由调查人签名或盖章。

3. 实施调解。

（1）调解委员会主任主持召开有争议双方当事人参加的调解会议，有关单位和个人可以参加调解会议协助调解，简单的争议，可由调解委员会指定 1~2 名调解委员进行调解；

（2）调解委员会应听取双方当事人对争议事实和理由的陈述，在查明事实、分清是非的基础上，依照有关劳动法律、法规，以及依照法律、法规制定的企业规章和劳动合同，公正调解。

4. 调解终结。

（1）经调解达成协议的，制作调解协议书，双方当事人应自觉履行，协议书应写明争议双方当事人的姓名（单位、法定代表人）、职务、争议事项、调解结果及其他应说明的事项，由调解委员会主任（简单争议由调解委员会）以及双方当事人签名或盖章，并加盖调

解委员会印章,调解协议书一式三份(争议双方当事人、调解委员会各一份);

(2) 调解不成的,应作记录,并在调解意见书上说明情况,由调解委员会主任签名、盖章,并加盖调解委员会印章,调解意见书一式三份(争议双方当事人、调解委员会各一份)。

> **知识链接**
>
> 有关劳动争议调解的法律法规主要有:(1)《劳动争议调解仲裁法》;(2)《人民调解委员会组织条例》;(3)《企业劳动争议调解委员会组织及工作规则》等。

(三) 劳动争议调解效力

1. 调解协议书由双方当事人签名或者盖章,经调解员签名并加盖调解组织印章后生效,对双方当事人具有约束力,当事人应当履行。

2. 达成调解协议后,一方当事人在协议约定期限内不履行调解协议的,另一方当事人可以依法申请仲裁。

3. 因支付拖欠劳动报酬、工伤医疗费、经济补偿或者赔偿金事项达成调解协议,用人单位在协议约定期限内不履行的,劳动者可以持调解协议书依法向人民法院申请支付令。人民法院应当依法发出支付令。

想一想:
经济补偿金与赔偿金有何关系?

三、劳动争议仲裁

(一) 劳动争议仲裁机构

作为劳动争议仲裁机构的劳动争议仲裁委员会,是指依法设立,由法律授权其依法独立地对劳动争议案件进行处理的专门机构。

劳动争议仲裁委员会由劳动行政部门代表、工会代表和企业方面代表组成。劳动争议仲裁委员会组成人员应当是单数。

(二) 劳动争议仲裁参加人

劳动争议仲裁参加人包括仲裁当事人和参与人。

1. 劳动争议仲裁当事人,是指因劳动权益纠纷而以自己的名义参加劳动争议仲裁活动,与仲裁结果有直接利害关系,并依法享有仲裁权利和承担仲裁义务的单位和个人。

发生劳动争议的劳动者和用人单位为劳动争议仲裁案件的双方当事人。劳务派遣单位或者用工单位与劳动者发生劳动争议的,劳务派遣单位和用工单位为共同当事人。

与劳动争议案件的处理结果有利害关系的第三人,可以申请参加仲裁活动或者由劳动争议仲裁委员会通知其参加仲裁活动。如劳动者在执行职务过程中,因受到第三方的侵害致伤或死亡的，该第三方即为与劳动争议案件的处理结果有利害关系的第三人。

2. 劳动争议仲裁参与人，是指劳动争议仲裁当事人以外，参与劳动争议仲裁活动，与仲裁结果没有直接利害关系，并依法享有一定仲裁权利，承担一定仲裁义务的单位或个人。劳动争议仲裁参与人主要包括：仲裁员、证人、鉴定人、翻译人和勘验人等。

（三）劳动争议仲裁程序

1. 申请和受理。

（1）仲裁申请。申请人申请仲裁应当提交书面仲裁申请，并按照被申请人人数提交副本。书写仲裁申请确有困难的，可以口头申请，由劳动争议仲裁委员会记入笔录，并告知对方当事人。

> **知识链接**
>
> 仲裁申请书应当载明下列事项：
> （1）劳动者的姓名、性别、年龄、职业、工作单位和住所，用人单位的名称、住所和法定代表人或者主要负责人的姓名、职务；（2）仲裁请求和所根据的事实、理由；（3）证据和证据来源、证人姓名和住所。

（2）仲裁受理。劳动争议仲裁委员会收到仲裁申请之日起5日内，认为符合受理条件的，应当受理，并通知申请人；认为不符合受理条件的，应当书面通知申请人不予受理，并说明理由。对劳动争议仲裁委员会不予受理或者逾期未作出决定的，申请人可以就该劳动争议事项向人民法院提起诉讼。

劳动争议仲裁委员会受理仲裁申请后，应当在5日内将仲裁申请书副本送达被申请人。被申请人收到仲裁申请书副本后，应当在10日内向劳动争议仲裁委员会提交答辩书。劳动争议仲裁委员会收到答辩书后，应当在5日内将答辩书副本送达申请人。被申请人未提交答辩书的，不影响仲裁程序的进行。

劳动争议仲裁委员会应当在受理仲裁申请之日起5日内将仲裁庭的组成情况书面通知当事人。

劳动争议仲裁委员会裁决劳动争议案件实行仲裁庭制。仲裁庭由3名仲裁员组成，设首席仲裁员。简单劳动争议案件可以由1名仲裁员独任仲裁。

2. 开庭和裁决。

（1）庭前准备。仲裁庭应当在开庭5日前，将开庭日期、地点书面通知双方当事人。当事人有正当理由的，可以在开庭3日前请求延期开庭。是否延期，由劳动争议仲裁委员会决定。

仲裁庭对专门性问题认为需要鉴定的，可以交由当事人约定的鉴定机构鉴定；当事人没有约定或者无法达成约定的，由仲裁庭指定的鉴定机构鉴定。

（2）开庭审理。当事人提供的证据经查证属实的，仲裁庭应当将其作为认定事实的根据。劳动者无法提供由用人单位掌握管理的与仲裁请求有关的证据，仲裁庭可以要求用人单位在指定期限内提供。用人单位在指定期限内不提供的，应当承担不利后果。

当事人在仲裁过程中有权进行质证和辩论。质证和辩论终结时，首席仲裁员或者独任仲裁员应当征询当事人的最后意见。

仲裁庭应当将开庭情况记入笔录。笔录由仲裁员、记录人员、当事人和其他仲裁参加人签名或者盖章。

当事人申请劳动争议仲裁后，可以自行和解。达成和解协议的，可以撤回仲裁申请。

（3）作出裁决。仲裁庭在作出裁决前，应当先行调解。调解达成协议的，仲裁庭应当制作调解书。

仲裁庭裁决劳动争议案件，应当自劳动争议仲裁委员会受理仲裁申请之日起45日内结束。案情复杂需要延期的，经劳动争议仲裁委员会主任批准，可以延期并书面通知当事人，但是延长期限不得超过15日。逾期未作出仲裁裁决的，当事人可以就该劳动争议事项向人民法院提起诉讼。仲裁庭裁决劳动争议案件时，其中一部分事实已经清楚，可以就该部分先行裁决。

裁决应当按照多数仲裁员的意见作出，少数仲裁员的不同意见应当记入笔录。仲裁庭不能形成多数意见时，裁决应当按照首席仲裁员的意见作出。

裁决书应当载明仲裁请求、争议事实、裁决理由、裁决结果和裁决日期。裁决书由仲裁员签名，加盖劳动争议仲裁委员会印章。对裁决持不同意见的仲裁员，可以签名，也可以不签名。

提示：劳动者因与用人单位发生劳动争议向劳动争议仲裁委员会申请劳动仲裁的，无需缴纳费用。

3. 部分劳动争议仲裁裁决为终局裁决。下列劳动争议，除《劳动合同法》另有规定的外，仲裁裁决为终局裁决，裁决书自作出之日起发生法律效力：（1）追索劳动报酬、工伤医疗费、经济补偿或者赔偿金，不超过当地月最低工资标准12个月金额的争议；（2）因执行国家的劳动标准在工作时间、休息休假、社会保险等方面发生的争议。

4. 对终局劳动争议仲裁裁决的撤销。用人单位有证据证明前述的仲裁裁决有下列情形之一，可以自收到仲裁裁决书之日起30日内向劳动争议仲裁委员会所在地的中级人民法院申请撤销裁决：（1）适用法律、法规确有错误的；（2）劳动争议仲裁委员会无管辖权的；（3）违反法定程序的；（4）裁决所根据的证据是伪造的；（5）对方当事人隐瞒了足以影响公正裁决的证据的；（6）仲裁员在仲裁该案时有索贿受贿、徇私舞弊、枉法裁决行为的。

人民法院经组成合议庭审查核实裁决有前款规定情形之一的，应当裁定撤销。

仲裁裁决被人民法院裁定撤销的，当事人可以自收到裁定书之日起15日内就该劳动争议事项向人民法院提起诉讼。

四、劳动争议诉讼

劳动者对不属于终局劳动争议的仲裁裁决不服的，可以自收到仲裁裁决书之日起15日内向人民法院提起诉讼。

提示：劳动者因与用人单位发生劳动争议向人民法院提起诉讼的，应当缴纳诉讼费，具体标准为10元/件。

练习与实训

一、单项选择题

1. 我国《劳动法》禁止用人单位招用未满（　　）的未成年人。
   A. 14周岁　　　　B. 15周岁　　　　C. 16周岁　　　　D. 18周岁

2. 下列选项中不属于按照劳动合同期限划分的劳动合同类型是（　　）。
   A. 有固定期限的劳动合同　　　　B. 无固定期限的劳动合同
   C. 以完成一定工作为期限的劳动合同　　　　D. 书面劳动合同

3. 用人单位与劳动者已建立劳动关系，但未同时订立书面劳动合同的，应当自用工之日起（　　）订立书面合同。
   A. 1个月内　　　B. 2个月内　　　C. 3个月内　　　D. 6个月内

4. 下列关于《劳动法》对人的适用范围的表述，正确的是（　　）。
   A. 家庭聘用的保姆适用《劳动法》
   B. 个体经济组织聘用的劳动者不适用《劳动法》
   C. 事业单位聘用的劳动者不适用《劳动法》
   D. 国家机关和与之形成事实劳动关系的劳动者适用《劳动法》

5. 2016年6月1日，甲公司向王某发出录用通知书，通知书上明确了薪资待遇，并约定1个月后正式到单位上班。2016年7月4日，王某到甲公司报到上班，双方于2017年7月10日签订了劳动合同。甲公司与王某建立劳动关系的日期是（　　）。
   A. 2016年6月1日　　　　B. 2016年7月1日
   C. 2016年7月4日　　　　D. 2016年7月10日

6. 新达公司在与李某签订的劳动合同中约定李某的工作岗位为管理岗，试用期满后月工资3 000元，试用期2个月。新达公司管理岗位的最低月工资为2 500元，当地的最低工资为1 000元，试用期内李某的月工资不得低于（　　）。
   A. 1 000元　　　B. 2 000元　　　C. 2 400元　　　D. 2 500元

7. 徐某于2015年12月进入丙公司工作。2016年丙公司未安排徐某休年休假，徐某月工资为4 350元，根据《职工带薪年休假条例》，徐某可享受带薪年休假5天，单位应当支付徐某年休假工资报酬为（　　）。
   A. 600元　　　B. 1 200元　　　C. 2 000元　　　D. 3 000元

8. 用人单位自（　　）起即与劳动者建立劳动关系。
   A. 用工之日　　　　B. 签订合同之日
   C. 上级批准设立之日　　　　D. 劳动者领取工资之日

9. 已经建立劳动关系，未同时订立书面劳动合同的，应当自用工之日起（　　）内订立书面劳动合同。
   A. 15日　　　B. 1个月　　　C. 2个月　　　D. 3个月

10. 以下属于劳动合同必备条款的是（　　）。

A. 劳动报酬　　　　B. 试用期　　　　C. 保守商业秘密　　　D. 福利待遇

11. 劳动合同期限1年以上不满3年的，试用期不得超过(　　)。

　　A. 15天　　　　　B. 1个月　　　　　C. 2个月　　　　　D. 3个月

12. 劳动者违反竞业限制约定的，应当按照约定向用人单位支付(　　)。

　　A. 违约金　　　　B. 赔偿金　　　　C. 补偿金　　　　　D. 损失费

13. 用人单位发生合并或者分立等情况，原劳动合同(　　)。

　　A. 继续有效　　　　　　　　　　　B. 失去效力
　　C. 由用人单位决定是否有效　　　　D. 效力视情况而定

14. 职工患病，在规定的医疗期内劳动合同期满时，劳动合同(　　)。

　　A. 即时终止　　　　　　　　　　　B. 续延半年后终止
　　C. 续延一年后终止　　　　　　　　D. 续延到医疗期满时终止

15. 劳动合同终止后，用人单位应当在(　　)内为劳动者办理档案和社会保险关系转移手续。

　　A. 7日　　　　　　B. 15日　　　　　C. 1个月　　　　　D. 3个月

16. 下列选项中，用人单位不必向劳动者支付经济补偿的是(　　)。

　　A. 被依法宣告破产的
　　B. 被责令关闭、撤销的
　　C. 被吊销营业执照的
　　D. 劳动者主动向用人单位提出解除劳动合同并与用人单位协商一致解除劳动合同的

17. 用人单位违法不与劳动者订立无固定期限劳动合同的，自应当订立无固定期限劳动合同之日起向劳动者每月支付(　　)倍的工资。

　　A. 1　　　　　　　B. 2　　　　　　　C. 3　　　　　　　D. 4

18. 经济补偿按劳动者在本单位工作的年限，每满一年按(　　)工资的标准向劳动者支付。

　　A. 半个月　　　　B. 1个月　　　　　C. 1个半月　　　　D. 2个月

二、多项选择题

1. 下列人员之间关于劳动权利义务的争议，属于劳动争议的有(　　)。

　　A. 职工甲与职工乙　　　　　　　　B. 用人单位甲与用人单位乙
　　C. 国有企业与国企职工　　　　　　D. 外资企业与外籍职工

2. 劳动争议仲裁委员会的人员组成包括(　　)。

　　A. 劳动行政主管部门的代表　　　　B. 用人单位代表
　　C. 工会的代表　　　　　　　　　　D. 职工代表

3. 根据我国《宪法》、《劳动法》等法律规定，劳动者的劳动权利包括(　　)。

　　A. 自主择业权　　　　　　　　　　B. 接受职业培训的权利
　　C. 结社权　　　　　　　　　　　　D. 参与单位重大事项决策的权利

4. 甲公司与劳动者李某在劳动合同中约定的下列事项，无效的有(　　)。

　　A. 发生工伤，公司概不负责
　　B. 合同期满单位无需向李某支付经济补偿金

C. 试用期内公司可随时解除与李某的劳动合同
D. 合同期满后的3年内，李某不得从事与甲公司同类业务

三、判断题

1. 用人单位违章指挥、强令冒险作业危及劳动者人身安全的，劳动者可以立即解除劳动合同，但需事先告知用人单位。（　　）
2. 用人单位违反《劳动合同法》的规定解除或者终止劳动合同，依照《劳动合同法》第八十七条的规定支付了赔偿金的，不再支付经济补偿。（　　）
3. 仲裁庭在作出裁决前，可以先行调解。（　　）
4. 患病或者非因工负伤，在规定的医疗期内的职工不得解除劳动合同。（　　）
5. 劳动争议当事人对仲裁裁决不服的，可以自收到仲裁裁决书之日起15日内向人民法院提起诉讼。（　　）

四、案例分析题

案例一

季六系鸿发纸业有限公司（下称"公司"）聘用的职工，双方约定合同期限为3年，自2014年1月1日起至2016年12月31日止。每月底薪为2 000元，待公司正式投产后按件计酬。但由于公司在内部管理和资金来源等方面出现严重问题，导致不能按合同约定组织职工生产。前3个月内，仅安排季六与其他职工帮忙粉刷厂房等杂活，未发任何工资。4月15日，季六组织职工向公司索要底薪2 000元。公司以未正式投产、资金周转困难为由，提出暂缓发放工资。经与全体职工协商，公司承诺"一旦投产，立即支付所欠工资"。5月9日，季六再次组织职工向公司索要工资，公司仍以同样理由拒付工资。季六遂带领职工集体到有关部门反映情况。5月12日，公司张贴公告，以季六经常不按时上下班为由，单方与季六解除劳动合同，同时拒付季六工资。季六不服，于7月5日向当地劳动争议仲裁委员会提出申请，要求公司支付拖欠的工资，并支付经济补偿金。

根据以上案情，请回答：

（1）公司是否构成无故拖欠工资？为什么？
（2）公司不发季六的工资是否合法？为什么？
（3）劳动争议仲裁委员会应如何裁决？

案例二

李四与东方科技有限公司（下称"公司"）签订了为期3年的劳动合同，自2015年1月1日起至2017年12月31日止，双方约定试用期为6个月。2015年6月20日李四向公司提出辞职，并向公司索要经济补偿金。公司认为李四没有提出解除合同的正当理由，也未与公司协商，因而既不同意解除合同，也不负担经济补偿金。

根据以上案情，请回答：

（1）李四提出解除劳动合同时是否需要说明理由？为什么？
（2）李四是否可单方解除劳动合同？为什么？
（3）公司应否给予李四经济补偿金？请说明理由。

第十章
经济纠纷的解决途径

学习目标：
- □ 了解经济纠纷的概念；了解仲裁的概念及其特征；了解民事诉讼的概念和管辖的种类
- □ 掌握仲裁法的基本原则、基本制度和仲裁程序
- □ 掌握民事诉讼法关于民事诉讼管辖、民事诉讼当事人和民事诉讼程序的相关规定

【案例导入】

南海县某村村民甲，饲养了20只长颈鹿，因长颈鹿误饮了受污染的江水，20只长颈鹿全部中毒死亡。村民甲向南海县环境保护局投诉，南海县环境保护局经调查认定，江水的污染是上游岩北市某化工有限公司在永昌县设立的分公司违规排放污水所致。

请问：村民甲可以向何地人民法院起诉？为什么？

第一节 经济纠纷解决途径概述

一、经济纠纷的概念

经济纠纷，通常指平等主体的公民、法人或其他组织之间发生的经济权利和经济义务的争议。经济纠纷的解决途径主要包括和解、调解、仲裁和诉讼等。

二、经济纠纷的和解

经济纠纷的和解，是指当事人之间发生经济权利和经济义务的争议后，在互谅互让的基

础上，通过协商自愿达成解决争议的一种方式。

三、经济纠纷的调解

经济纠纷的调解，指在第三人的主持下，当事人就经济权利和经济义务的争议通过平等协商，在自愿、合法的基础上达成协议，解决争议的一种方式。

想一想：
和解与调解有什么区别？

第二节 仲 裁

一、仲裁的概念与特征

（一）仲裁的概念

仲裁，是指当事人发生纠纷而不能协商解决时，自愿申请由仲裁机构居间调解并作出裁决的制度。

（二）仲裁的特征

仲裁具有民间性质，是非诉讼解决经济纠纷的一种方式和途径。其特征如下：

1. 自愿性。当事人之间的经济纠纷是否提交仲裁，提交给哪个仲裁机构等都是在当事人自愿的基础上协商确定。

2. 专业性。经济纠纷常常涉及特殊的知识领域，会遇到许多复杂的法律、经济贸易和有关的技术性问题，故专家裁判更能体现专业权威性。

> **知识链接**
>
> 《仲裁法》规定，仲裁委员会的组成人员中，法律、经济贸易专家不得少于2/3。

3. 灵活性。仲裁中的诸多具体程序都是由当事人协商确定与选择的，因此，与诉讼相比，仲裁程序更灵活，更具有弹性。

4. 保密性。仲裁以不公开进行为原则，因此当事人商业秘密和贸易活动不会因仲裁活动而泄露。因而，仲裁表现出极强的保密性。

5. 快捷性。仲裁实行一裁终局制，仲裁裁决一经仲裁庭作出即发生法律效力，当事人之间的纠纷能够迅速得以解决。

6. 经济性。仲裁的专业性使得通过仲裁解决争议时能较快地作出裁决，减少了当事人所需的费用；而且，由于实行一裁终局制，也降低了解决争议所需的费用。

7. 独立性。仲裁机构独立于行政机构，仲裁机构之间也无隶属关系。

二、仲裁法的适用范围

《仲裁法》适用于平等的公民、法人和其他组织之间发生的合同纠纷和其他财产权益纠纷。婚姻、收养、监护、抚养、继承纠纷和依法应当由行政机关处理的行政争议不适用《仲裁法》。

想一想：
应当由行政机关处理的行政争议主要有哪些？

三、《仲裁法》的基本原则

根据《仲裁法》规定，仲裁中除了必须遵守"以事实为根据、以法律为准绳"、"当事人在适用法律上一律平等"等解决经济纠纷的一些共同原则外，还必须遵守以下原则：

（一）自愿原则

对于经济纠纷是否采用仲裁方式解决，完全由当事人自愿协商决定。具体包括：仲裁委员会由当事人自愿选定；仲裁庭的组成及仲裁员由当事人自愿选定或各自委托仲裁委员会主任指定；仲裁审理方式由当事人自愿选择；仲裁地点由当事人自愿选择等。

（二）独立原则

仲裁依法独立进行，不受行政机关、社会团体和个人的干涉。仲裁委员会独立于行政机关，与行政机关没有隶属关系，仲裁委员会之间也没隶属关系。

（三）公平合理原则

仲裁庭审理经济纠纷时，要以事实为依据，以法律为准绳。此外，在法律没有规定或者规定不完备的情况下，仲裁庭可以按照公平合理的原则解决经济纠纷。

（四）人民法院监督原则

指仲裁裁决生效后，人民法院经当事人申请，组成合议庭，经审查核实，对符合法定条件的仲裁裁决，可裁定撤销或不予执行。

想一想：
当事人申请撤销仲裁裁决，应向哪一级法院提出？

四、《仲裁法》的基本制度

（一）一裁终局制

一裁终局制是指仲裁裁决一经作出，即发生法律效力，当事人就同一纠纷再申请仲裁或向人民法院起诉，仲裁委员会或者人民法院不予受理。

（二）或裁或审制

或裁或审制是指当事人就其经济纠纷，只能选择通过仲裁或者诉讼解决，当事人之间达成书面仲裁协议的，只能选择仲裁机构仲裁并排除法院的管辖；当事人之间无仲裁协议或者仲裁协议无效的，当事人只能选择诉讼方式解决纠纷，仲裁机构无权受理。

（三）先行调解制

先行调解制是指仲裁庭在作出裁决前，应先进行调解，调解应在查明事实、分清是非的基础上，按自愿、合法原则进行；调解不成的，及时裁决。

五、仲裁组织

（一）仲裁委员会

仲裁委员会是依法设立的有权受理经济纠纷案件、依法行使仲裁权的组织机构。

1. 仲裁委员会的设立。《仲裁法》规定，仲裁委员会由省一级人民政府组织有关部门和商会统一组建，可以设立在省一级人民政府所在地，也可以根据需要设立在其他设区的市，不按行政区划层层设立，县级行政区域不设仲裁委员会。

想一想：
仲裁委员会是否实行级别管辖和地域管辖？

仲裁委员会的设立，应进行程序性登记，以取得法律认可的仲裁资格。登记机关是省、自治区、直辖市的司法行政部门。未经设立登记的仲裁委员会，其仲裁裁决不具有法律效力。

2. 仲裁委员会的设立条件是：（1）有自己的名称、住所和章程；（2）有必要的财产；（3）有该委员会的组成人员；（4）有聘任的仲裁员。

仲裁委员会由主任1人、副主任2～4人和委员7～11人组成，均由法律、经济贸易专家和有实际工作经验的人担任，其中法律和经济贸易专家不得少于2/3。

想一想：
你所在的行政区域内是否设立了仲裁委员会？

3. 仲裁员的任职条件。仲裁员由仲裁委员会从公道、正派并且符合下列条件之一的人员中聘任：（1）从事仲裁工作满8年的；（2）从事律师工作满8年的；（3）曾任审判员满8年的；（4）从事法律研究、教学工作并且具有高级职称的；（5）具有法律知识、从事经济贸易等专业工作并具有高级职称的或具有同等专业水平的。

（二）仲裁协会

仲裁协会，是各仲裁委员会为仲裁事业的发展而组成的，实行自我管理、自我教育、自我服务的社会团体法人。

中国仲裁协会是仲裁委员会的自律性组织,其职能主要是制定章程和仲裁规则、监督仲裁员和仲裁行为等。

六、仲裁协议

(一) 仲裁协议的概念

仲裁协议,是指当事人双方自愿将其经济纠纷提交仲裁委员会仲裁的书面意思表示。仲裁协议是仲裁的基础和前提,是排除人民法院管辖的依据。

> **知识链接**
>
> 合同的变更、解除、终止或无效,不影响仲裁协议的效力。

(二) 仲裁协议形式与内容

1. 仲裁协议的形式有:(1)合同中的仲裁条款;(2)仲裁协议书;(3)其他书面形式达成的请求仲裁的协议。

2. 仲裁协议的内容。

(1) 仲裁协议的法定内容。包括:①请求仲裁的意思表示;②仲裁事项;③选定的仲裁委员会。这些是仲裁协议的必备内容,缺少任何一项均可导致仲裁协议的无效。

(2) 仲裁协议的约定内容。除法定内容外,当事人可以根据需要,约定其他内容,如仲裁庭的组成形式、仲裁审理方式、地点,甚至仲裁所适用的法律等。仲裁协议的约定内容,不是仲裁协议的必备内容,不影响仲裁协议的法律效力。

(三) 仲裁协议的无效

有下列情形之一的,仲裁协议无效:

1. 约定的仲裁事项超出法律规定的仲裁范围的;
2. 无民事行为能力人或者限制民事行为能力人订立的仲裁协议;
3. 一方采取胁迫手段,迫使对方订立仲裁协议的。

想一想:

仲裁协议约定两个以上的仲裁机构的,该仲裁协议是否有效?为什么?

七、仲裁程序

(一) 仲裁申请和受理

1. 仲裁申请,是指当事人依照法律和仲裁协议将经济纠纷提请仲裁委员会仲裁。当事人申请仲裁应符合下列条件:一是有仲裁协议;二是有具体的仲裁请求和事实理由;三是属于仲裁委员会的受理范围。这三个条件必须同时具备,缺一不可。当事人申请仲裁应当向仲裁委员会提交仲裁协议、仲裁申请书及副本。

2. 受理，是指仲裁委员会依法接受当事人的申请，对经济纠纷进行审理。仲裁委员会收到仲裁申请书之日起 5 日内，认为符合条件的，应当受理，并通知当事人；认为不符合受理条件的，应当书面通知当事人不予受理，并说明理由。仲裁委员会受理仲裁申请后，应当在规定期限内将仲裁规则和仲裁员名册送达双方当事人，并将仲裁申请书副本送达被申请人。

被申请人应在规定时期内提交答辩书，未提交答辩书不影响仲裁程序的进行。

（二）仲裁庭的组成

仲裁庭，是行使仲裁权对具体案件进行仲裁的临时性组织。

仲裁庭的组成方式有两种：一是独任庭，即由一名仲裁员组成仲裁庭；二是合议庭，即由三名仲裁员组成仲裁庭并设首席仲裁员。

仲裁庭的组成方式由当事人约定，当事人约定由一名仲裁员成立仲裁庭的，应当由当事人共同选定或者共同委托仲裁委员会主任指定仲裁员；当事人约定由三名仲裁员组成仲裁庭的，应当各自选定或者各自委托仲裁委员会主任指定一名仲裁员，第三名仲裁员由当事人共同选定或者共同委托仲裁委员会主任指定。

当事人没有在规定期限内约定仲裁庭的组成方式或未选定仲裁员的，由仲裁委员会主任指定。

想一想：

与案件有利害关系的人可否担任案件的仲裁员？

（三）开庭和裁决

1. 开庭，是指仲裁庭在仲裁当事人及其代理人参加下，依法对纠纷进行审理的活动。仲裁一般应开庭进行，但当事人协议不开庭的，仲裁庭可以根据仲裁申请书、答辩书以及其他材料作出裁决。仲裁一般不公开进行，但当事人协议公开的，可以公开进行，涉及国家秘密的除外。开庭时，当事人应当对自己的主张提供证据，仲裁庭认为有必要收集的证据，可以自行收集；证据应当在开庭时出示，并进行质证。仲裁庭对专门性问题认为需要鉴定的，可以交由当事人约定的鉴定部门鉴定，也可以由仲裁庭指定的鉴定部门鉴定。开庭过程中，当事人有权进行言辞辩论，反驳对方的主张及理由。

2. 裁决，是仲裁庭经审理依法对当事人之间的经济纠纷作出的实体处理决定。仲裁裁决为终局裁决，裁决书自作出之日起发生法律效力。当事人申请仲裁后可自行和解也可以撤回仲裁申请。仲裁庭在作出裁决前，可以先行调解，调解不成的应及时作出裁决。调解达成协议的，仲裁庭应当制作调解书，调解书与裁决书具有同等法律效力。

八、仲裁效力

（一）约束力

仲裁裁决书是法律文书，仲裁裁决书自作出之日起具有法律约束力。当事人应当依据裁决书的内容自动履行。

（二）强制执行力

一方当事人拖延或拒绝履行裁决书的内容的，另一方当事人可依照民事诉讼的有关规定向人民法院申请执行。

第三节 诉 讼

一、诉讼的概念

根据我国法律的有关规定，诉讼分为刑事诉讼、民事诉讼、行政诉讼三类，本节就民事诉讼的相关规定展开讨论。

民事诉讼，是指当事人之间因民事（包括经济）纠纷，一方当事人向人民法院起诉，人民法院在当事人及其他诉讼参加人的参与下解决民事纠纷的活动。

二、诉讼管辖

诉讼管辖，是确定同级人民法院或上下级人民法院受理第一审民事纠纷案件的分工和权限。

根据我国《民事诉讼法》的规定，民事诉讼的管辖主要有：级别管辖、地域管辖、专属管辖和协议管辖。

（一）级别管辖

级别管辖，是指上下级人民法院受理第一审民事经济纠纷案件的分工和权限。具体规定如下：

1. 基层人民法院管辖的第一审民事经济纠纷案件。《民事诉讼法》规定，基层人民法院管辖第一审民事案件，但另有规定的除外。因此，除由中级人民法院、高级人民法院和最高人民法院管辖的第一审民事经济纠纷案件外，其他民事经济纠纷案件的第一审审判活动，一律由基层人民法院管辖。

2. 中级人民法院管辖的第一审民事经济纠纷案件。《民事诉讼法》规定，中级人民法院负责审理以下第一审民事经济纠纷案件：(1) 重大涉外案件；(2) 在本辖区内有重大影响的案件；(3) 最高人民法院确定由中级法院管辖的案件。

> **名词释义**
> **涉外案件**：是指诉讼当事人一方或双方是外国人、无国籍人、外国企业和组织，或者当事人之间的民事法律关系的设立、变更、终止的法律事实发生在外国，或者诉讼标的物在外国的民事案件。

3. 高级人民法院管辖的第一审民事经济纠纷案件。《民事诉讼法》规定，高级人民法院管辖在本辖区有重大影响第一审民事经济纠纷案件。

4. 最高人民法院管辖的第一审民事经济纠纷案件。《民事诉讼法》规定，最高人民法院管辖在全国有重大影响或最高人民法院认为应当由其审理的第一审民事经济纠纷案件。

> **知识链接**
>
> 最高人民法院审理案件实行一审终审制，所作的判决和裁定在送达当事人后立即发生法律效力。

（二）地域管辖

地域管辖是指同级人民法院之间受理第一审民事经济纠纷案件的分工和权限，它分为一般地域管辖和特殊地域管辖。

1. 一般地域管辖又称"普通管辖"，是指以被告住所地为标准来确定人民法院管辖，即"原告就被告"的管辖原则。《民事诉讼法》规定，对公民、法人或其他组织提起的民事诉讼，由被告住所地人民法院管辖，但《民事诉讼法》规定"由原告住所地人民法院管辖"的案件除外。由原告住所地人民法院管辖的案件具体包括：

（1）对不在中华人民共和国领域内居住的人提起的有关身份关系的诉讼；
（2）对下落不明或者宣告失踪的人提起的有关身份关系的诉讼；
（3）对被采取强制性教育措施的人提起的诉讼；
（4）对被监禁的人提起的诉讼。

想一想：

甲与乙系夫妻关系，乙因犯罪被判处有期徒刑12年并在A市劳动改造，甲居住在B市，甲决定提起离婚诉讼。请问，甲应向A市还是B市人民法院起诉？

2. 特殊的地域管辖，是指根据诉讼标的所在地或者引起民事法律关系发生、变更或者终止的法律事实所在地为标准所确定的管辖。《民事诉讼法》规定的特殊的地域管辖有：

（1）因合同纠纷提起的诉讼，由被告住所地或合同履行地人民法院管辖。

> **知识链接**
>
> 合同履行地，是指合同规定履行义务和接受义务的地点，主要是合同标的物交接的地点。

（2）因保险合同纠纷提起的诉讼，由被告住所地或保险标的物所在地人民法院管辖。
（3）因公司设立确认股东资格，分配利润、解散等纠纷提起的诉讼，由公司住所地人民法院管辖。
（4）因票据纠纷提起的诉讼，由票据支付地或被告住所地人民法院管辖。
（5）因铁路、公路、水上、航空运输和联合运输合同纠纷提起的诉讼，由运输始发地、目的地或被告住所地法院管辖。
（6）因侵权行为而提起的诉讼，由侵权行为地或者被告住所地人民法院管辖。侵权行为包括侵害人身权和财产权的行为；侵权行为地包括侵权行为实施地和侵权结果发生地。

（7）因铁路、公路、水上和航空事故请求损害赔偿提起的诉讼，由事故发生地或者车辆、船舶最先到达地、航空器最先降落地或被告住所地人民法院管辖。

想一想：
因运输合同纠纷提起的诉讼与因交通事故损害赔偿纠纷提起的诉讼有什么区别？

（8）因船舶碰撞或其他海事损害事故请求损害赔偿提起的诉讼，由碰撞发生地、碰撞船舶最先到达地、加害船舶被扣留地或被告住所地人民法院管辖。

（9）因海难救助费提起的诉讼，由救助地或被救船舶最先到达地的法院管辖。

（10）因共同海损提起的诉讼，由船舶最先到达地、共同海损理算地或航程终止地人民法院管辖。

（三）专属管辖

专属管辖，是指法律规定某些案件只能由特定的人民法院管辖。对专属管辖的案件，既排除一般地域管辖和特殊地域管辖的适用，也排除当事人协议管辖的适用。《民事诉讼法》规定的专属管辖的案件有：

1. 因不动产纠纷提起的诉讼，由不动产所在地人民法院管辖。
2. 因港口作业中发生纠纷提起的诉讼，由港口所在地人民法院管辖。
3. 因继承遗产纠纷提起的诉讼，由被继承人死亡时住所地或者主要遗产所在地人民法院管辖。

想一想：
甲与乙系同胞兄弟，甲居住在 A 市，乙居住在 B 市，其父亲丙死亡后在 C 市遗有的一座房屋被乙占有。甲欲与乙分割父亲遗下的房屋，应向 B 市还是 C 市人民法院起诉？

（四）协议管辖

协议管辖，是指当事人在合同纠纷发生之前或发生之后，以书面协议的形式确定解决当事人之间合同纠纷的管辖法院。

《民事诉讼法》规定，合同或者其他财产权益纠纷当事人可以书面协议选择被告住所地、合同履行地、合同签订地、原告住所地、标的物所在地等与争议有实际联系的地点的人民法院管辖。

协议管辖仅限于因合同或者其他财产权益纠纷提起的诉讼，并且不得违反级别管辖和专属管辖的规定。

三、诉讼参加人

诉讼参加人，是指在人民法院主持下，由人民法院传唤、通知到庭参加诉讼的人。民事诉讼参加人主要包括当事人、诉讼代理人等。

（一）当事人

1. 当事人的概念。当事人，是指因民事权益争议或经济纠纷，以自己的名义参加诉讼，并受人民法院的裁判约束的组织或者个人。

2. 当事人的特征是：（1）以自己的名义参加诉讼；（2）与案件有法律上的利害关系；（3）人民法院的裁判、调解书一旦生效，对当事人具有法律约束力，当事人必须履行。

3. 当事人的种类。广义的当事人指原告、被告、共同诉讼人、第三人，狭义的当事人指原告和被告。在第二审程序中称为上诉人和被上诉人。通常所说的当事人，是指原告和被告。

（1）原告是指认为自己的合法的民事权益或者受其管理支配的民事权益受到侵害，或者认为与他人发生了经济纠纷，为了维护自身合法权益，以自己的名义向人民法院起诉的公民、法人或其他组织。

想一想：

陈某某被一骑自行车的青年郑某撞伤住院治疗，其丈夫李某共支付医疗费用5 000元，陈某某的丈夫李某可否以自己的名义向法院起诉，要求郑某赔偿医疗费用？

（2）被告是指原告认为侵害其合法民事权益或与原告发生了民事、经济纠纷，依法被法院传唤应诉的公民、法人或其他组织。

（二）诉讼代理人

1. 诉讼代理人的概念。诉讼代理人，是指根据法律规定、法院指定或者在当事人授权范围内，以当事人的名义参加民事诉讼活动，维护当事人合法权益的人。

2. 诉讼代理人的特征是：（1）必须以被代理人的名义参加诉讼；（2）必须为维护被代理人的合法权益而参加诉讼；（3）必须在代理权限内进行诉讼活动；（4）只能代理当事人一方进行诉讼活动，不能同时代理双方当事人。

提示：律师、基层法律服务工作者、当事人的近亲属或者工作人员、当事人所在社区、单位以及有关社会团体推荐的公民，可以被委托为诉讼代理人。

四、诉讼程序

民事诉讼程序主要包括第一审普通程序、简易程序、第二审程序、特别程序、审判监督程序、执行程序等。

（一）第一审程序

第一审程序是指人民法院审理民事、经济案件时普遍适用的基础程序，是审判程序中最完整、最系统的诉讼程序。从案件的起诉和受理到案件的裁判，民事诉讼法对其全过程都作了具体而明确的规定。第一审程序包括第一审普通程序和简易程序。

1. 普通程序，是指人民法院审理第一审民事经济纠纷案件通常适用的程序。普通程序具有程序的完整性、广泛的适用性特点，简易程序是普通程序的简化。普通程序主要包括：起诉和受理、开庭审理等阶段。

（1）起诉是当事人认为自己的民事、经济权利受到侵害，以自己的名义，请求人民法院依法审判的诉讼行为。起诉必须符合下列条件：①原告是与本案有直接利害关系的公民、法人和其他组织；②有明确的被告；③有具体的诉讼请求和事实、理由；④属于人民法院受理民事诉讼的范围和受诉人民法院管辖。

（2）受理是指人民法院通过审查原告的起诉，认为符合起诉条件，而决定立案审理的诉讼行为。《民事诉讼法》规定，人民法院收到起诉状或者口头起诉，经审查，认为符合起诉条件的，应当在 7 日内立案，并通知当事人；认为不符合起诉条件的，应当在 7 日内裁定不予受理。

想一想：

你会写民事起诉状吗？应当如何制作民事起诉状？

（3）开庭审理是指由人民法院审判人员组成合议庭，在当事人和其他诉讼参与人的参加下，依照法定程序，查明案件事实，对案件作出裁判的诉讼活动。《民事诉讼法》规定，人民法院审理民事案件，应当公开进行，但涉及国家秘密、个人隐私或法律另有规定的案件，不公开审理。开庭审理是人民法院审理案件的中心环节。主要包括法庭调查、法庭辩论、评议宣判等阶段。

①法庭调查是在人民法院审判员的主导下，在法庭上审查核实当事人提供的各种证据，以查清案情，认定事实的过程。法庭调查一般按照下列顺序进行：当事人陈述；证人作证；出示书证、物证和视听资料；宣读鉴定结论、勘验笔录等。

②法庭辩论是当事人及其诉讼代理人在法庭上就如何认定争议的事实及如何适用法律，发表自己的意见，并互相进行辩驳、论证的过程。法庭辩论按下列顺序进行：原告及其诉讼代理人发表辩论意见；被告及其诉讼代理人发表辩论意见；双方当事人互相进行辩论；审判长按原、被告顺序征询双方的最后意见。

③评议宣判是合议庭审判人员对案件进行分析研究，认定案件事实，确认当事人的民事权利和义务，正确适用法律，对案件作出判决并宣告判决结果的过程。评议宣判包括两个阶段工作：合议庭评议和宣告判决。

想一想：

由于案件涉及国家秘密，人民法院是否可以不公开宣告判决？

当庭宣判的，应当在 10 日内送达判决书；定期宣判的，宣判后立即送达判决书。宣告判决时，必须告知当事人上诉权利、上诉期限和上诉的法院。人民法院适用普通程序审理的案件，应当在立案之日起 6 个月内审结。

2. 简易程序，是指基层人民法院和它派出的法庭审理事实清楚、权利义务关系明确、争议不大的简单的民事案件所适用的程序。简易程序是第一审普通程序的简化。

（1）简易程序的适用范围是：①适用简易程序的法院（基层人民法院和它派出的法庭）。②适用简易程序的审级（第一审民事案件）。③适用简易程序的案件（事实清楚、权利义务关系明确、争议不大的民事案件）。

提示：发回重审或按照审判监督程序再审的案件，不得适用简易程序。

（2）简易程序的特点是：①起诉方式简便。原告可以口头起诉。②受理程序简便。当事人双方可以同时到基层人民法院或它派出的法庭，请求解决纠纷。③传唤当事人、通知证人方式简便。基层人民法院和它派出的法庭可以用简便的方式随时传唤当事人、通知证人，不受普通程序传唤、通知方式和期限的限制。④审判组织简便。由审判员一人独任审理。⑤开庭审理程序简便。简化审理的方式和步骤，不受普通程序限制。当事人同时到庭的，可以当即审理并进行调解。⑥审理期限短。应当在立案之日起3个月内审结。

想一想：

适用简易程序审理民事案件，可否由人民陪审员独任审理？

（二）第二审程序

1. 第二审程序的概念。第二审程序又称上诉审程序，是指当事人不服地方各级人民法院第一审判决或裁定，在法定期限内向上一级人民法院提起上诉，由上一级人民法院依法审理所适用的程序。

2. 上诉的提起。当事人不服第一审人民法院的判决或者裁定，提起上诉，应当符合下列条件：

（1）主体条件。只能是第一审程序案件中原告、被告或者有独立请求权的第三人，以及第一审人民法院判决承担实体权利义务的无独立请求权的第三人。

（2）客体条件。法律规定可以上诉的裁判。

（3）期限条件。在法定期限内。

（4）方式条件。书面上诉状，并按照对方当事人的人数提出副本。

想一想：

当事人不服地方人民法院第一审判决或者裁定的，应当在什么时候提起上诉？

3. 提起上诉的途径。上诉人可以向原审人民法院提起上诉，也可直接向原审人民法院的上一级人民法院提起上诉。

4. 上诉案件的审理。

（1）审理的范围。第二审人民法院应当对上诉请求的有关事实和适用法律进行审查。

（2）审理的方式。第二审人民法院对上诉案件，应当组成合议庭，开庭审理。合议庭成员经过阅卷和调查，询问当事人，在事实核对清楚后，认为不需要开庭审理的，也可以径行判决、裁定。

（3）审理的地点。第二审人民法院审理上诉案件，可以在本院审理，也可以在原审人民法院审理或者在案件发生地审理。

（4）审理的期限。第二审人民法院审理对判决的上诉案件，应当在第二审立案之日起3个月内审结。第二审人民法院审理对裁定的上诉案件，应当在第二审立案之日起30日内作出终审裁定。

想一想：
第二审人民法院审理上诉案件，可否适用第一审普通程序？

5. 上诉案件的调解与裁判。

（1）上诉案件的调解。第二审人民法院审理上诉案件，可以进行调解。调解达成协议的，应当制作调解书，加盖人民法院的印章，送达双方当事人。调解书送达双方当事人后，即发生法律效力，同时，原审人民法院的判决即视为撤销。

（2）上诉案件的裁判。第二审人民法院对上诉案件，经过审理，按照下列不同情形，分别作出处理：

①原判决、裁定认定事实清楚，适用法律正确的，以判决、裁定方式驳回上诉，维持原判决、裁定；

②原判决、裁定认定事实错误或者适用法律错误的，以判决、裁定方式依法改判、撤销或者变更；

③原判决认定基本事实不清的，裁定撤销原判决，发回原审人民法院重审，或者查清事实后改判；

④原判决遗漏当事人或者违法缺席判决等严重违反法定程序的，裁定撤销原判决，发回原审人民法院重审。

原审人民法院对发回重审的案件作出判决后，当事人提起上诉的，第二审人民法院不得再次发回重审。

想一想：
当事人对发回原审人民法院重审的案件的判决，可否上诉？

（3）二审裁决的效力。第二审人民法院作出的判决、裁定，是终审判决、裁定。第二审人民法院的判决、裁定一经送达，即发生法律效力，当事人必须履行。

想一想：
当事人对第二审人民法院的判决仍然不服，应当怎么办？

（三）审判监督程序

1. 审判监督程序的概念。审判监督程序又称再审程序，是指人民法院发现已经发生法律效力的判决、裁定或者调解书确有错误，或者因当事人申请再审、人民检察院提起抗诉，依法决定对案件进行再审的程序。

2. 审判监督程序的特点。

（1）特殊的补救程序，其目的在于纠正已经生效的错误判决、裁定；

（2）基于审判监督机关的发动或者当事人的申请而引起；

（3）重点在于发现并纠正已经生效的民事判决或者裁定的错误。

> **名词释义**
>
> **提审：** 是指原由下级人民法院审理的案件，提至上级人民法院进行管辖和审理。
>
> **再审：** 是指上级人民法院通过裁定的方式指令原审人民法院对案件进行重新审理。

3. 审判监督程序的提起。审判监督程序的提起有三种途径：

（1）人民法院基于审判监督权而决定再审。各级人民法院院长对本院已经发生法律效力的判决、裁定、调解书，发现确有错误，认为需要再审的，应当提交审判委员会讨论决定；最高人民法院对地方各级人民法院已经发生法律效力的判决、裁定、调解书，上级人民法院对下级人民法院已经发生法律效力的判决、裁定、调解书，发现确有错误的，有权提审或指令下级法院再审。

（2）当事人基于诉权申请再审。当事人对已经发生法律效力的判决、裁定、调解书，认为有错误的，可以向上一级人民法院申请再审。

（3）人民检察院基于监督权的抗诉而提起再审。最高人民检察院对各级人民法院已经发生法律效力的判决、裁定，上级人民检察院对下级法院已经发生法律效力的判决、裁定，发现有法定再审情形的，或者发现调解书损害国家利益、社会公共利益的，应当提出抗诉；地方各级人民检察院对同级人民法院已经发生法律效力的判决、裁定，发现有法定再审情形的，或者发现调解书损害国家利益、社会公共利益的，可向同级人民法院提出检察建议，并报上级人民检察院备案；也可以提请上级人民检察院向同级人民法院提出抗诉；对人民检察院抗诉的案件，人民法院应当作出再审的裁定，决定再审。

4. 再审案件的审判程序。

（1）另行组成合议庭；

（2）分别适用第一审普通程序或者第二审程序进行再审。

五、执行程序

（一）执行程序的概念及执行的意义

1. 执行程序的概念。执行程序，是指人民法院依当事人的申请，行使执行权，强制义务人履行已经发生法律效力的人民法院判决、裁定或者其他法律文书所确定的义务的程序。

2. 执行的意义。人民法院依当事人的申请，对民事案件的义务人强制执行，是民事诉讼的最后完成阶段，在民事诉讼程序中具有如下意义：

（1）是维护社会主义法律尊严必不可少的措施；

（2）可以保证当事人享有的合法权利得以实现；

（3）制裁民事违法行为，教育公民自觉遵守法律；

（4）能够维护国家主权，保护人民利益。

（二）执行依据及管辖与申请执行期限

1. 执行依据及管辖。

（1）判决书、裁定书、调解书。发生法律效力的民事判决书、裁定书、调解书，以及刑事判决、裁定中的财产部分，由第一审人民法院或者与第一审人民法院同级的被执行的财产所在地人民法院执行。

（2）其他法律文书。法律规定由人民法院执行的其他法律文书，由被执行人住所地或者被执行的财产所在地人民法院执行。

2. 申请执行期限。发生法律效力的民事判决书、裁定书或者依法应当由人民法院执行的其他法律文书，如果义务人在判决、裁定书或其他法律文书规定的期限内没有履行义务，对方当事人有权在法定期限内申请人民法院依法采取强制措施，强制义务人履行。如果当事人未在法定期限内申请执行，将丧失请求人民法院强制执行生效法律文书的权利。

想一想：

当事人申请执行的法定期限是多少？如何计算？

（三）执行措施

1. 概念。执行措施，是指人民法院依照法定程序，强制义务人履行生效法律文书所确定的内容的具体方法和手段。

2. 种类。

（1）被执行人的财产报告制度。人民法院接到执行申请书后，应当向被执行人发出执行通知，责令被执行人在指定期间内履行生效法律文书确定的义务，被执行人未按执行通知履行义务的，应当报告当前以及收到执行通知之日前一年的财产情况。被执行人拒绝报告或者虚假报告的，人民法院可以根据情节轻重对被执行人或者其法定代理人、有关单位的主要负责人或者直接责任人员予以罚款、拘留。

（2）其他执行措施。被执行人不履行执行通知的，人民法院可以采取以下执行措施强制执行。

①查询、冻结、划拨被执行人的存款；

②扣留、提取被执行人的收入；

③查扣、冻结、拍卖、变卖被执行人的财产；

④搜查被执行人隐匿的财产；

⑤指定被执行人交付法律文书规定的财物或者票证；

⑥强制被执行人迁出房屋或者退出土地；

⑦强制转移有关财产权证照；

⑧强制被执行人完成法律文书指定的行为；

⑨强制被执行人加倍支付迟延履行期间的债务利息或者迟延履行金。

练习与实训

一、单项选择题

1. 仲裁机关审理经济纠纷案件，（　　）。

　　A. 一律公开进行　　　　　　　　B. 一般都公开进行

　　C. 一般不公开进行　　　　　　　D. 是否公开由当事人决定

2. 仲裁法不适用的案件( )。
   A. 与身份有关的　　B. 合同纠纷　　C. 财产权益纠纷　　D. 技术合同争议
3. 仲裁员的回避,由( )决定。
   A. 仲裁庭　　　　　　　　　　B. 仲裁委员会
   C. 仲裁委员会主任　　　　　　D. 仲裁委员会副主任
4. 没有仲裁协议,一方向仲裁机关申请仲裁,另一方向人民法院起诉的,仲裁机关( )受理。
   A. 可以　　　　B. 不可以　　　C. 必须　　　D. 与法院协调可以
5. 甲乙签订了加工承揽合同,但没有对合同履行作出约定,现两人因合同履行地问题发生争议,法院应当确定履行地为( )。
   A. 承揽加工方所在地　　　　　B. 委托承揽加工方所在地
   C. 加工行为地　　　　　　　　D. 另行指定一个地点
6. 因厂房所有权争议发生的纠纷,属于( )。
   A. 一般地域管辖　　　　　　　B. 特殊地域管辖
   C. 专属管辖　　　　　　　　　D. 协议管辖
7. 甲与乙在H市签订一买卖合同,约定在双方住所地以外的A市履行该合同。合同尚未履行,双方即发生争议,为此,甲应向( )法院起诉。
   A. 甲所在地　　B. 乙所在地　　C. H市　　　D. A市
8. 甲向人民法院起诉请求判决与乙离婚,一审法院判决不准离婚。甲不服一审法院判决提起上诉,在上诉后的第10日,甲因车祸死亡。此案应( )。
   A. 由一审法院终结诉讼　　　　B. 由一审法院驳回上诉
   C. 由二审法院驳回上诉　　　　D. 由二审法院终结诉讼
9. 第二审人民法院对上诉案件经过审理,认为原判决适用法律错误的,( )。
   A. 依法改判　　　　　　　　　B. 发回重审
   C. 指令下级人民法院再审　　　D. 报上级人民法院审理
10. 民事判决生效后在执行程序中,双方当事人( )。
    A. 可以自行达成和解协议　　　B. 必须在审判员主持下才能达成和解协议
    C. 不得再自行和解　　　　　　D. 需征得执行人员同意才能达成和解协议

二、多项选择题

1. 根据仲裁法规定,下列纠纷中不适用仲裁的有( )。
   A. 房地产纠纷　　B. 合同纠纷　　C. 收养纠纷　　D. 行政赔偿纠纷
2. 下列判决中,发生法律效力的判决有( )。
   A. 最高人民法院的一审判决　　B. 依法不准上诉的判决
   C. 超过上诉期没有上诉的一审判决　　D. 在上诉期内的判决
3. 可以作为人民法院执行根据的有( )。
   A. 生效的调解书　　　　　　　B. 二审民事判决书
   C. 生效的刑事附带民事诉讼判决书　　D. 一审未生效的民事判决书

三、判断题

1. 合同仲裁是经济审判的必须程序，非经仲裁机关仲裁的合同纠纷，当事人不能直接向人民法院起诉。（   ）
2. 仲裁委员会与行政机关没有隶属关系，但下级仲裁委员会应服从上级仲裁委员会。（   ）
3. 没有仲裁协议，一方申请仲裁的，仲裁委员会不予受理。（   ）
4. 人民法院对所有因合同发生纠纷案件均有管辖权。（   ）
5. 因侵权行为提起的诉讼，应当由侵权行为人户籍所在地或者居所地人民法院管辖。（   ）
6. 诉讼代理人代为承认、变更、放弃诉讼请求，必须经人民法院同意。（   ）
7. 原告必须有事实和理由且有证据才能起诉。（   ）
8. 人民法院按简易程序审理的案件，原告可以口头起诉。（   ）
9. 第二审人民法院审理上诉案件，合议庭认为不需要开庭审判的，可以径行判决。（   ）
10. 申请执行的期限为1年，从法律文书规定履行期间的最后一日起计算。（   ）

四、案件分析题

案例一

甲公司与乙公司签订了一份买卖合同，合同约定乙公司向甲公司购买汽车配件共计20万元，甲公司于合同签订后1个月内将双方约定的汽车配件送货至乙公司，乙公司收货15日内付清全部款。合同签订后，甲公司在1个月内如约将全部汽车配件送到乙公司，乙公司收到货物后，却未于15日内付清货款，甲公司多次向乙公司催讨货款，乙公司却以汽车配件存在质量问题为由拒不支付货款。后双方经协商达成书面仲裁协议。1周后，甲公司向协议书约定的仲裁委员会申请仲裁，乙公司却向合同履行地人民法院提起诉讼。

根据以上案情，请回答：

（1）本案中谁应受理此案？
（2）双方在纠纷发生后达成的书面仲裁协议是否成立？为什么？
（3）如果乙公司提出仲裁协议无效，应由谁来决定或裁决？

案例二

A市甲公司与B市乙公司在C市签订了一份买卖玉米的合同。合同约定，甲公司交付定金10万元，玉米必须于8月份发货，验收地点为B市，由乙公司用汽车运至A市交货，若双方发生争议，由合同签订地和原告或者被告住所地人民法院管辖。后因合同履行发生争议，甲公司准备向人民法院起诉。

根据以上案情，请回答：

（1）甲公司与乙公司合同协议管辖的内容是否有效？
（2）该案的合同履行地应如何确定？
（3）甲公司应向哪个市的人民法院起诉？

参 考 文 献

1. 李国本：《经济法概论》，中国人民大学出版社 2004 年版。
2. 财政部会计资格评价中心：《经济法》，中国财政经济出版社 2009 年版。
3. 李开国：《民法原理与实务》，中国政法大学出版社 2007 年版。
4. 范健：《商法》，高等教育出版社、北京大学出版社 2007 年版。
5. 胡康生：《中华人民共和国合同法释义》，法律出版社 2009 年版。
6. 王利明、崔建远：《合同法》，北京大学出版社 2007 年版。
7. 贾俊玲：《劳动法与社会保障法学》，中国劳动社会保障出版社 2005 年版。
8. 《中华人民共和国劳动争议调解仲裁法》（案例应用版），中国法制出版社 2009 年版。
9. 江伟：《民事诉讼法学》，北京大学出版社 2007 年版。